Anonymus

Zu Strassburgs Sturm und Drangperiode 1770-1776

Urkundliche Forschungen, nebst einem ungedruckten Briefwechsel der

Strassburgerin Luise König mit Karoline Herder aus dem Herder und Röderer

Nachlass

Anonymus

Zu Strassburgs Sturm und Drangperiode 1770-1776
Urkundliche Forschungen, nebst einem ungedruckten Briefwechsel der
Strassburgerin Luise König mit Karoline Herder aus dem Herder und Röderer
Nachlass

ISBN/EAN: 9783743399099

Hergestellt in Europa, USA, Kanada, Australien, Japan

Cover: Foto ©Suzi / pixelio.de

Manufactured and distributed by brebook publishing software
(www.brebook.com)

Anonymus

Zu Strassburgs Sturm und Drangperiode 1770-1776

ZU STRASSBURGS
STURM- UND DRANGPERIODE
1770-1776.

URKUNDLICHE FORSCHUNGEN

NEBST EINEM UNGEDRUCKTEN BRIEFWECHSEL

DER STRASSBURGERIN

LUISE KÖNIG MIT KAROLINE HERDER

AUS DEM HERDER- UND RÖDERER-NACHLASS

VON

Dr. **JOH. FROITZHEIM**
Oberlehrer an der Neuen Realschule in Strassburg.

STRASSBURG
J. H. ED. HEITZ (HEITZ & MÜNDEL).
1888.

VORWORT.

Gœthe und *Lenz* schrieben im Elsass das bekannte
« *Deutschheit emergirend* » in ihr Programm. Im Sinne
desselben Wahlspruchs lege ich hiermit dem Publikum die
Fortsetzung meiner Studien über die Geniezeit Strassburgs
vor, als deren jüngste Frucht noch vor kurzem eine Abhandlung « *Lenz, Gœthe und Cléophe Fibich* » erschienen ist.
Es sind mitunter Detailstudien, aber die allmählich gewonnene Ueberzeugung, dass in der Gesamtauffassung jener
Periode an wesentlichen Punkten nur deshalb gefehlt worden
ist, weil eine kritische Prüfung der Voraussetzungen mangelte,
zwang mich zur Prüfung auch der Einzelheiten.

Wie Grosses hätten die letzten 60 Jahre in der Erforschung jener für Deutschlands geistige Entwickelung so
wichtigen Sturm- und Drangperiode im Elsass leisten können!
Spach hat den Dichter Ramond, Lenzens Freund, noch in
den Pariser Salons vorlesen hören, Isaak Haffner ist erst
1831, der zum Lauthschen Freundeskreis gehörige Karl
Heinrich Kern erst 1847 gestorben. Was hätte nicht alles die
Forschung von solchen Männern erfahren können; aber wie
viel ist versäumt worden! Ein bedeutendes Verdienst gebührt
deshalb August Stöber, dass er nebst vielem anderen Wichtigen die Gœthe- und Lenz-Briefe aus Salzmanns Nachlass
vor ihrer Zerstörung zum Abdruck gebracht hat.

Was ich zu bieten habe und noch bieten werde, ist eine
immerhin nicht unbedeutende Nachlese aus grosser Zeit.
Bei meinen Bemühungen um Quellenmaterial für diese
Arbeit gelang es mir, das noch unbekannte Namenverzeichnis der Deutschen Gesellschaft in Strassburg — denn dies

ist ihr wahrer Titel — und eine genaue Revision des Protokolls derselben von einem geehrten Mitgliede der Familie Matter zu erhalten; im Röderer-Nachlass, dessen Einsicht mir die freundlichen Enkelinnen Joh. Gottfr. Röderers gestatteten, fand ich zwar nicht mehr die Lenz-Briefe selbst, die in einem besonderen Pakete bis zum Jahr 1872 vorhanden gewesen sein sollen, aber doch manches von Stöber Uebersehene, wovon zwei Briefe von Jung-Stilling und Karoline Herder in dieser Arbeit verwertet worden sind; von Herrn Appellationsgerichtsrat a|D. Kern erhielt ich aus der Hinterlassenschaft der Frl. König einen Stammbaum und mehrere andere Familienpapiere zur Benutzung; Herr Prof. Suphan, der Direktor des Goethe-Archivs in Weimar, überliess mir auf freundliche Fürsprache des Herrn Prof. Erich Schmidt in Berlin mit selbstverläugnender Bereitwilligkeit die im Herder-Nachlass gefundenen Briefe jener Frl. König an ihre Jugendfreundin Karoline Herder, und mein verehrter Freund Herr P. Th. Falck in Riga, der meinen Studien von Anfang an das grösste Wohlwollen bewiesen, indem er dieselben mit seiner erschöpfenden Kenntnis der sehr zersplitterten Lenz-Litteratur aufs hülfreichste unterstützt hat, beschenkte mich mit jenem schönen Briefe Lenzens an Haffner, der ebenso sehr von der Hingabe des Dichters an die deutschlitterarischen Bestrebungen seiner Strassburger Freunde als von dem gesunden Verstande des in Weimar Gestürzten Zeugnis ablegt.

Mögen alle Geber, denen ich hiermit meinen tiefempfundenen Dank ausspreche, sich der vollendeten Arbeit nicht minder erfreuen, als sie der entstehenden ihre Gunst zugewandt haben. Dies würde mir der erwünschte Sporn zu neuen Forschungen sein!

Strassburg, den 2. Mai 1888.

Dr. J. FROITZHEIM.

I. Goethes Ausflug nach Saarbrücken und seine Examina in Strassburg.

Als Goethe 1770-1771 in Strassburg studierte, unternahm er mit zwei werten Freunden und Tischgenossen, Engelbach und Weyland, welche beide aus dem untern Elsass gebürtig waren, einen Ausflug zu Pferde über Zabern, Buchsweiler und Saargemünd nach Saarbrücken, von wo er über Zweibrücken, Bitsch und Niederbronn zurückkehrte.

Die Chronologie dieser Reise, um welche sich Düntzer in « Frauenbilder aus Goethes Jugendzeit » S. 39 ff., Goedeke in der « Gegenwart » 1878 und v. Loeper im « Archiv für Lit. » Bd. VII und VIII bemühten, ohne zu einem bindenden Resultate zu gelangen, sowie der Zweck dieser Reise, an welchen bisher niemand gedacht hat, lassen sich auf Grund der im Strassburger Thomas-Archiv erhaltenen Matricula Generalis und der im Stadt-Archiv vorhandenen, aber bis jetzt unbenutzten Protokolle und Kandidaten-Matrikeln der juristischen Fakultät ein für alle Male feststellen.

Folgt man der Darstellung in « Dichtung und Wahrheit », nach welcher Goethe auf der Rückkehr von Saarbrücken seinen Ritt unmittelbar durch den Hagenauer Wald nach Sesenheim lenkte, um Friederike wiederzusehen, so kann, da die erste Bekanntschaft mit derselben einem erhaltenen Briefconcept zufolge (Weimarer Ausgabe Br. 70) erst Anfang Oktober 1770 fällt, jener Saarbrücker Ausflug, auf welchem Goethe einen vom 27. Juni, ohne Jahreszahl, aus Saarbrücken datierten Brief an Katharina Fabricius? (Br. 62) geschrieben hat, nur in den Juni 1771 gesetzt werden. Diese Ansetzung aber führt uns in ein Labyrinth von Widersprüchen. Vor allem hinderlich wird ein aus dem September 1770 erhaltenes Briefconcept Goethes an seinen Freund Engelbach (Br. 67), in welchem dieser letztere als ein schon aus dem Strassburger Kreise Ausgeschiedener erscheint. Versuchen wir deshalb die richtige Lösung.

Eine irrige Annahme, in welcher bis dahin die Goethe-Forscher befangen waren, ist diese, dass jener Brief Goethes an Engelbach nach Buchsweiler gerichtet gewesen sei; zählt doch v. Loeper Anm. 421 unter Goethes Freunden und Tischgenossen in Strassburg neben dem Theologen Franz Christian Lerse und dem Mediziner Friedrich Leopold Weyland, welche die Strassburger Matrikel ausdrücklich als Buxovillani bezeichnet, aus den Buchsweiler Kirchenbüchern auch einen Moritz Joseph Engelbach, geboren 7. September 1744 zu Buchsweiler, auf. Allein — was den Forschern bisher entgangen ist — ein solcher Moritz Joseph Engelbach kommt in den Strassburger Universitätsregistern jener Zeit nicht vor. Dagegen finde ich kurz nach der Immatrikulation Goethes, welche auf den 18. April 1770 fällt :

1770 die 2 Maji Joannes Conradus Engelbach Westhovensis Alsata.[1]

Ebenderselbe, welcher schon in hohen Semestern gestanden haben muss, trug sich bereits 5 Wochen nach seiner Inscription in die Matrikel der Rechtskandidaten folgendermassen ein :

1770 die 9 Junii Joannes Conradus Engelbach, Consiliarius Serenissimi Principis Saarepontani, Westhovensis Alsata.

Engelbach war also bereits Rat des Fürsten von Nassau-Saarbrücken, als er sich in Strassburg immatrikulieren liess, um rasch hintereinander sämtliche Prüfungen abzulegen.

---

[1] Erich Schmidt hat in dem Aufsatz «Goethe und O-ferul», Im neuen Reich 1877 II S. 824, s. auch «Charakteristiken» S. 286 die wichtigsten Daten der Strassburger Generalmatrikel verzeichnet, aber den Eintrag Engelbachs übersehen. Sein Schlusssatz «die Wohnung bey Herrn Schlag auf dem Fischmarkt gehörte jedenfalls zu den feinen, denn in aedibus Schlagii treffen wir später den Prinzenerzieher Petersen, den bekannten Darmstädter» bedarf der Berichtigung. Der betreffende Eintrag lautet: 1771 12. Nov. Phil. Henr. Gerh. Petersen Tabernaemontanus habitat in aedibus Schlagii. Ebenderselbe war nach der auf dem Universitäts-Sekretariat vorhandenen Mediziner-Matrikel von demselben Datum Student der Medizin. Dagegen hiess der bekannte Prinzenerzieher Georg Wilhelm Petersen, war am 15. Dez. 1744 zu Zweibrücken geboren und starb als Hofprediger in Darmstadt am 14. Dez. 1816. (Genauere Angaben über sein Leben und seine Schriften bei: H. E. Scriba, Biogr. litter. Lexikon d. Schriftsteller d. Grossherzogtums Hessen, Bd. II S. 555 ff.)

Vorauszuschicken ist, dass nach der «Specialordnung der Promotionen in der Strassb. jur. Facultät» jeder Kandidat sich vor Zulassung zur Promotion zwei Prüfungen zu unterziehen hatte. Die erste bestand aus einer mündlichen Vorprüfung, der eine schriftliche Klausurarbeit über je einen dem Civil- und kanonischen Rechte entnommenen Text folgte. In der zweiten Prüfung musste der Kandidat jene Bearbeitung erklären und verteidigen.

Ueber Engelbachs Prüfungen enthalten die Akten der jur. Fakultät folgende Protokolle:

1770 9 Junii Dom. Engelbach et Gœtz fiunt candidati.

Praevia dispensatione a Dissert. praeliminari ad Matriculam Candidatorum admissi sunt Dom. Joannes Conradus Engelbach, Westhovensis Alsata, Serenissimi Principis Saarepontani Consiliarius, et Dom. Conradus Fidelis Gœtz Reinacensis Rauracus.

1770 11 Junii Examen prius D. Engelbach.

Examen prius subiit Dom. Engelbach, eoque egregie superato resolvendos accepit textus:

L. Compensationes. ult. cod. de compensat.
C. Veniens 13 X de Sponsal. et Matrimon.

1770 13 Junii Examen posterius Dom. Engelbach.

Dom. Engelbach Examen posterius mascule superavit, et veniam obtinuit Dissertationem inauguralem sine Praeside defendendi.

1770 19 Junii Dom. Engelbach disputatio pro licentia.

Dom. Engelbach. Dissert. inaug. de Fidejussore cum applausu Auditorii defendit.

1770 eadem die: Scriptum est Testimonium Licentiae D. Engelbach.

Am 19. Juni 1770, der auf einen Dienstag fiel, hatte also Engelbach seine Studien in Strassburg abgeschlossen. Ende der Woche kehrte er nach Saarbrücken zurück — aber nicht allein, sondern zu Pferde von seinen Freunden Gœthe und Weyland begleitet. Nicht Gœthe war also der Gefeierte auf dieser Reise, sondern Engelbach, der in 9 Tagen sämtliche juristische Prüfungen glücklich bestanden hatte.

Nach der Darstellung Gœthes wäre der Ausritt aus Strassburg und das erste Nachtquartier in Zabern Samstag — den 23. Juni — erfolgt, den nächsten Tag, an einem Sonntag, befanden sich die Reisenden morgens in Pfalzburg und übernachteten in Buchsweiler. Den 25. Juni ritten sie über Lützelstein und Saarunion und trafen am 26. Juni abends in Saarbrücken ein, wo sie vom Präsidenten v. Günderode gastlich aufgenommen wurden.

« Gestern waren wir den ganzen Tag geritten, » schreibt Goethe Mittwoch den 27. Juni aus Saarbrücken, « die Nacht kam herbey und wir kamen eben aufs Lothringische Gebürg, da die Saar im lieblichen Thale unten vorbey fliesst. »

Mit dem festen Anhaltspunkt der Promotion Engelbachs am 19. Juni 1770 vermögen wir also die vielumstrittene Chronologie jenes Genierittes sicher zu gunsten des Jahres 1770 zu entscheiden. Saarbrücken war, was man bisher noch nicht gewusst hat, deshalb als Ziel der Reise ins Auge gefasst, weil Rat Engelbach in saarbrückischen Diensten stand.

Jetzt erst verstehen wir auch, weshalb Goethe seine beiden Freunde, von denen der eine aus Westhofen bei Wasselnheim, der andere aus Buchsweiler stammte, nicht « zwei Freunde aus Buchsweiler », sondern « aus dem Unterelsass » gebürtig nennt, und, was man bisher nicht erklären konnte, weshalb Goethe, der mit zwei Freunden aus Strassburg geritten war, nur von einem Freunde (Weyland) begleitet, von Saarbrücken zurückkehrte.

In Strassburg angelangt — denn sein damaliger Besuch bei Friederike ist Dichtung, nicht Wahrheit — suchte Goethe baldmöglichst dem Beispiel seines Freundes Engelbach zu folgen. Bereits am 22. September 1770 trug er sich eigenhändig in die Matrikel der Rechtskandidaten folgendermassen ein:

Joannes Wolfgang Goethe, Mœnofrancofurtensis.

Es ist dies der zweite in Strassburg erhaltene eigenhändige Eintrag Goethes; derselbe ist bis jetzt noch nicht bekannt geworden. Von demjenigen der Matricula generalis gibt die Festschrift zur Eröffnung der Universität Strassburg von Dr. Schricker 1872 eine formvollendete, aber in ihrer Zusammensetzung insofern verfehlte Nachbildung, als das Datum der folgenden Immatrikulation, nämlich der 19. April, fälschlich mit derjenigen Goethes vereinigt erscheint, ein Fehler, der v. Lœper Anm. 322 und mich « Lenz, Goethe und Cleophe Fibich von Strassb., S. 89 » irre geführt hat.

Ueber die Prüfungen Goethes enthalten die Fakultätsakten unter dem Dekanat des Professors Treitlinger (3. Mai bis 23. November 1770) folgende Protokolle:

1770 die 22. Sept. D. Gœthe fit candidatus.
Dom. Joh. Wolfgangus Gœthe, Mœno-Francofurtanus, a dissertatione praeliminari dispensatus, Matriculae Candidatorum nomen inseruit.
1770 die 25. Sept. Examen prius D. Gœthe.
Dom. Gœthe, priore Examine insigni cum laude superato, pro examine rigoroso ad resolvendum dati sunt textus :
L. Solita ult. cod. de remiss. pignor.
C. Series 26. X de testib. et attestat.
1770 die 27. Sept. Examen posterius D. Gœthe.
Dom. Gœthe in posteriore Examine Analyses allatas mascule defendit et veniam meruit Dissertationem inauguralem sine Praeside ventilandi.

So hatte also Gœthe schon am Ende seines ersten Strassburger Semesters, drei Monate nach Engelbachs Abreise, am 27. Sept. 1770, seine Prüfungen in der Kapitelstube des alten Thomanum bestanden und schickte dem Freunde, nicht am 10. Sept., sondern am 30. Sept. — die Strassburger Originalhandschrift hat *70* Sept. 70 — die entliehenen Kollegienhefte mit einem Gruss an alle Saarbrücker Bekannten zurück.

An Hrn. Engelb.

d. 30. Sept. (17)70.

« Jeder hat doch seine Reihe in der Welt, wie im Schöner raritäten kasten. Ist der Kayser, mit der Armee vorüber gezogen. Schau sie, guck sie, da kommt sich die Pabst mit seine Klerisey. Nun hab ich meine Rolle in der Kapitelstube auch ausgespielt; hierbey kommen Ihre Manuscripte, die mir artige Dienste geleistet haben.

«Wie Sie leben vermuth ich. Bey mir ist alles ut supra. Im B.Hausse führt man fort angenehm zu seyn. Der A. und ich, wir werden uns ehstens copuliren lassen. Der ganze Tisch grüsst Sie. Alle Jungen in der Stadt verfertigen Drachen, und ich possle par compagnie an meiner Disputation. Leben Sie glücklich. Erinnern Sie sich meiner, erinnern Sie auch meine Freunde dass ich noch binn, und euch alle lieb habe. »

Unter dem «Tisch» in Strassburg ist selbstverständlich derjenige der Jungfern Lauth in der Knoblochgasse — nicht Krämergasse, wie man bisher geglaubt hat (s. den folgenden Aufsatz) — unter dem «A» der Aktuarius Salzmann, dessen unzertrennlicher Begleiter Goethe in Strassburg war, und unter dem «B-Hause» wahrscheinlich das Braun'sche zu verstehen, zu welchem Salzmann die nächsten verwandtschaftlichen Beziehungen hatte (s. meine Schrift: «Lenz, Goethe und Cleophe Fibich» S. 53). Die seltsamen und bisher unverstandenen Worte «Jeder hat doch seine Reihe in der Welt wie im Schöner raritäten kasten. Ist der Kayser, mit der Armee vorüber gezogen. Schau sie, Guck sie, da kommt sich die Pabst mit seine Klerisey» sind mit Beziehung auf die überraschende Aufeinanderfolge des Goethe'schen Examens nach dem Engelbach'schen gewählt. Nach überstandenen Examensnöten lustig gestimmt, eignet sich hier Goethe die ungrammatischen Anpreisungen des Besitzers eines solchen Raritätenkastens an, wie ihn Goethe und Engelbach wahrscheinlich kurz vorher in Strassburg oder Saarbrücken gesehen hatten.

Unmittelbar nach bestandenen Prüfungen wurde Goethe, der gewiss eine Ausspannung nötig hatte, Anfang Oktober 1770 von seinem Freunde Weyland zum erstenmale nach Sesenheim mitgenommen. Friederike Brion, der allerliebste Stern, der damals an diesem ländlichen Himmel für Goethe aufging, hielt des Dichters Herz für längere Zeit bezaubert. Dazu kam, dass Vater Goethe, selbst Doctor juris, mit einer Lizentiatenwürde nicht zufrieden, den Sohn aufforderte, behufs Ausarbeitung einer wissenschaftlichen Abhandlung zur Erlangung der Doktorwürde seinen Aufenthalt in Strassburg zu verlängern.

Goethe wählte das Thema: «dass der Gesetzgeber nicht allein berechtigt, sondern verpflichtet sei, einen gewissen Kultus festzusetzen, von welchem weder die Geistlichen noch die Laien sich lossagen dürften,» hatte aber zu seiner inneren Genugthuung, da er seine juristischen Kenntnisse geringer als der Vater anschlug, mit dieser Arbeit wenig Glück.

Von der Engherzigkeit der damaligen wissenschaftlichen Anschauungen der Strassburger Universität, die wiederum von der Engherzigkeit des Magistrats beherrscht wurden, macht man sich in unserem aufgeklärteren Zeitalter nur schwerlich einen Begriff.

«Etwas von der Zensur?» schreibt der Theologe Petersen, der Erzieher der Prinzen Friedrich und Christian von Hessen-Darmstadt, an Merck den 9. März 1775 aus Strassburg. «Man hat dem Herrn Lenz die Erlaubnis zum Druck seiner Lustspiele nach dem Plautus nicht bewilligt. Dafür darf jeder

Prediger seine Imbecillitäten drucken lassen, um sie als Neujahrsgeschenke seinen Beichtkindern auszutheilen.»

Nach jener Special-Ordnung der Promotionen musste jede Inauguraldissertation der Zensur der Fakultät zur Prüfung übergeben werden, «ob auch de jure publico nicht etwas darinnen zu befinden wäre.» Im Namen der Fakultät urteilte der damalige (16. Mai bis 15. November 1771) Dekan Joh. Friedrich Ehrlen J. U. D. Pand. et Jur. Can. Prof. Publ. Ord. Cap. Thom. Canon. — weder Prof. Treitlinger s. v. Lœper Anm. 401 noch Prof. Reisseissen s. Erich Schmidt Im neuen Reich 1877 II S. 451 — dass es nicht rätlich sei, dieselbe als akademische Dissertation bekannt zu machen und stellte dem Verfasser anheim, anstatt pro gradu doctorali, pro licentia auf Thesen zu disputieren.

So war denn Gœthe zum grossen Verdrusse seines Vaters genötigt, sich mit der Lizentiatenwürde zu begnügen. Er setzte sich wieder mit seinem Repetenten zusammen, — an Rat Engelbach s. v. Lœper Anm. 327 ist nicht zu denken — und die Disputation ging unter Opposition seiner Tischgenossen mit grosser Lustigkeit, ja Leichtfertigkeit vorüber. Ein guter herkömmlicher Schmauss beschloss die Feierlichkeit.

Die 56 Thesen, über welche Gœthe am 6. August 1771 pro licentia summos in utroque jure honores rite consequendi öffentlich disputierte, sind bei dem damaligen Universitätsbuchdrucker Johann Heinrich Heitz erschienen und zur 100jährigen Wiederkehr des Promotionstages, der Strassburg wieder in deutschen Händen sah, in Photolithographie bei Schwarz in Stuttgart faksimiliert.

Ueber jene Promotion Gœthes lautet das Protokoll der Strassburger Fakultätsakten wörtlich:

1771 die 6. Aug.

Dissertationem Inauguralem Positiones Juris exhibentem cum applausu defendit Dominus Joh. Wolfgang Gœthe, Mœno-Francofurtanus; cui mox datur Testimonium Licentiae.

So ist Gœthe in Strassburg nur Lizentiat der Rechte, nicht Doktor geworden. Eine ihm nach Frankfurt nachgesandte Einladung der Strassburger juristischen Fakultät, nachträglich dennoch zu doktorieren, wies er in einem launigen Briefe an Salzmann (Br. 79) mit dem Bemerken, «dass er am Lizentieren satt habe» zurück. Erst 1825 ist Altmeister Gœthe Doktor geworden und zwar philosophiae und medicinae.

II. Das Kosthaus der Jungfern Lauth in Strassburg.

Ueber die Lage des Kosthauses, in welchem die Salzmannsche Gesellschaft zu Gœthes Zeit ihren Mittagstisch genommen, gibt es zwei verschiedene Angaben, welche beide des Beweises ermangeln.

Piton, Strasbourg illustré 1855 I p. 141 nennt, ohne einen Grund für seine Behauptung anzugeben, das heutige Trübnersche Haus, Ecke des Münsterplatzes und der Krämergasse, A. Stöber, «der Aktuar Salzmann» 1858 S. 20 bezeichnet, ohne sich um Piton zu kümmern, aber selbst ohne jede Mitteilung des Grundes, das Haus Krämergasse 13 (heutige 7). Letztere Angabe beruht wohl auf einer mündlichen Ueberlieferung; hat doch der heutige betagte und ehrwürdige Besitzer, Herr Hackenschmidt, in seiner Jugend gehört, zwei alte Jungfern hätten daselbst einen Mehlhandel betrieben und Kostgänger gehalten. Dass aber jene Jungfern den Namen Lauth geführt, hat er, wie er mir selbst sagte, nicht festgestellt.

Bei diesem Stande der Dinge berührte es mich eigentümlich, als am 23. Oktober 1887 in der «Strassburger Post» zu lesen war (vgl. Deutsche Post, illustrierte Halbmonatsschrift, Berlin 1887, Heft 21 S. 499), dass im Hofe jenes Hauses eine Gœthe-Büste mit der Inschrift aufgestellt worden sei:

Anno Domini MDCCLXXI.
Der grosse Meister Gœthe ist
Allhier zu Tisch gesessen
Und hat wie jeder and're Christ
Supp' Fleisch, Gemüs gegessen
Wie fröhlich klirrten Gabel und Messer,
Das Essen war gut, der Witz war besser.
Er hat uns Strassburger hochgehalten.
Drum ehren wir ihn auch, den Alten!

Gerade einige Tage vorher hatte ich in der im Thomasarchiv aufbewahrten Universitätsmatrikel folgende Eintragungen gefunden:

1766 die 27 Junii: Petrus franciscus La Jeunesse metensis chez les demoiselles Lauth rue de l'ail [Knoblauchgasse],

1776 die 8 Maji: Jacobus Cramerus ex Zurich logirt bey der Jgfr. Luth in der Noblauch Gasse.

Ich liess infolgedessen nicht ab, diese authentischen Angaben durch weitere Nachforschungen näher zu bestimmen. Zunächst fand ich in den Strassburger Sterberegistern zwischen 1770 und 1820 nur zwei passende Akte, einer Anna Maria Lauth und Susanna Marg. Lauth vom 12/3 1783 und 25/12 1785, welche Schwestern waren und unverheiratet im Alter von 59 und 56 Jahren starben. Da beide Akte von dem Notar Johann Daniel Lauth als Bruder unterschrieben waren, der nach J. F. Lobstein, Manuel du Notariat en Alsace p. 169 von 1773 bis 1793 Notar in Strassburg gewesen, so durchforschte ich dessen im Strassburger Bezirksarchiv befindliche Notariatsakten und entdeckte bald folgenden Schlusssatz eines Testamentes vom 15. September 1773:

«So geschehen allhier zu Strassburg in einer ane der Knoblauchsgasse und Schiffgässlein liegenden H. Joh. Friedrich Schwartz, dem Handelsmann zuständigen Behausung, auf deroselben ersten Stock, mit denen Fenster in das Schiffgässlein aussehend, meiner Ordinari Schreibstuben etc.» Folgen die Unterschriften, zuletzt Joh. Daniel Lauth Notarius.

Ein anderes Testament vom 5. November 1779 enthält einen ähnlichen Schlusssatz mit folgender Variante: «In einer aue der Knoblauchsgass und Schiffgässl liegenden und dermalen beeden Jungfern Lauthin eigenthumlich zuständigen Behausung, auf dero Erstern Stock mit denen Fenstern in gedachtes Schiffgässl aussehenden und von mir Notario bewohnenden Schreibstuben.»

Ein drittes Testament vom 11. November 1783 nennt nur eine Besitzerin des Hauses, nämlich «Jungfer Susanna Margaretha Lauthin», woraus zu entnehmen, dass die eine Schwester unterdessen gestorben war.

Ein viertes Testament vom 24. Juli 1791 besagt: «In einer ane der Knoblauchsgass und Schiffgässlein liegenden mir Notario eigenthumlich zuständigen, mit N 3 bezeichneten Eckbehausung» — woraus hervorgeht, dass mittlerweile auch die andere Schwester das Zeitliche gesegnet hatte, was alles mit den von mir gefundenen Sterbeakten genau übereinstimmt.

Nach den Registern der Neuen Kirche Bd. XVII Fol. 121 und Bd. XVIII Fol. 194 starb nämlich die ältere der Schwestern, mit Namen Anna Maria Lauth, 59 Jahre, 9 Monate und 13 Tage alt, am 12. März 1783, war also 1723 geboren und zu Goethes Zeit (1770) 47 Jahre alt; die jüngere, Susanna Margaretha Lauth, 56 Jahre, 10 Monate und 6 Tage alt, am 25. Dezember 1785, war also 1729 geboren, und zu Gœthes Zeit 41 Jahre alt. Ihr Bruder Johann Daniel Lauth, ancien notaire, starb am 8. August 1812 im Alter von 80 Jahren und 2 Monaten, non marié, war also zu Gœthes Zeit 38 Jahre alt; derselbe ist noch im Jahre 1795 im ältesten Adressbuch des Stadt-Archivs als Bewohner des Hauses Knoblochgasse 3, 63jährig, aufgeführt.

Wie die Sterbeakten besagen, waren die Geschwister Lauth Kinder des am 15. Februar 1735 im Alter von 51 Jahren verstorbenen Diaconi bei der Prediger Kirche (Neuen Kirche) Johann Jakob Lauth, also aus guter Familie. Die Worte Gœthes «Doktor Salzmann hatte diesen Mittagstisch seit vielen Jahren besucht und in Ordnung und Ansehen erhalten», gewinnen jetzt einen besonderen Sinn. Die früh verwaisten Predigerstöchter, welche eine Kostanstalt anzufangen genötigt waren, fanden an Aktuarius Salzmann, «dem Vater der Waisen», wohlwollende Unterstützung. Salzmanns Anwesenheit, von dem Jung-Stilling schreibt, «sein Platz war der oberste, und wäre es auch hinter der Thür gewesen», brachte jenen Mittagstisch zu Ehren und Ansehen; sorgte er doch dafür, dass die mutwilligen Studenten «ihr gewöhnliches Weindeputat nicht überschritten» und führte über Fremde, wie es scheint, eine gewisse unsichtbare Controle ihrer Zahlungsfähigkeit.

Wenigstens glaubt der Dichter Lenz, als er sich im Sommer 1772 mit dem Herrn v. Kleist von Fort-Louis nach Landau entfernte, an Salzmann schreiben zu müssen: «Seyen Sie so gütig und sagen es der Jungfer Lauthen noch nicht, dass ich von Fort Louis weggehe [mithin scheint eine der Schwestern das Regiment im Hause geführt zu haben], ich will es ihr, wenn ich noch einen Posttag abgewartet, selber schreiben. Das weibliche Herz ist ein trotzig und verzagt Ding!»

Dass die Jungfern Lauth dank dieses Schutzes, den ihnen Salzmann zuteil werden liess, und dank der günstigen Lage ihrer Wohnung — in unmittelbarster Nähe des ehemaligen Kollegiengebäudes, des heutigen Thomasstiftes, und unweit des Spitals, wo die medizinischen Vorlesungen gehalten wurden, — gute Geschäfte machten, beweist der Umstand, dass sie sich jenes Haus an der Ecke der Knoblochgasse und des Schiffgässchens kaufen konnten.

Dieses Haus Nr. 3 ist die heutige Nr. 22; ebendasselbe, welches als Nr. 3 in dem von 1791 bis 1840 reichenden ältesten

Grundbuch des Katasteramtes auf den einzigen Namen Hertzog eingetragen steht, ist auch jetzt noch als Nr. 22 im Kataster und Adressbuch im Besitz derselben Familie verzeichnet.

Ueber dies Haus Hertzog, rue de l'Ail Nr. 22 hat Herr Architekt Salomon in dem Bulletin de la Société pour la conservation des monuments historiques d'Alsace 1881 auf Grund vorhandener Kaufbriefe, die auch ich einzusehen Gelegenheit hatte, ebenso interessante als kritisch exakte Mitteilungen gemacht, welche ganz mit meinen Ergebnissen übereinstimmen.

Darnach gehörte das Haus Hertzog, welches zuerst im Jahre 1363 unter dem Namen « zum Strüsse » vorkommt, zu der an der Ill und gegen Deutschland gelegenen Kaufhaus-Gegend, welche heute ebenso still und verlassen, als in früheren Zeiten infolge des Warenverkehres und der Nachbarschaft zahlreicher Gasthäuser belebt gewesen ist.

« En 1779, » berichtet Herr Salomon, « un Johann Schwarz, directeur du carosse de Paris, vend la maison à Anna Maria et à Suzanne Margaretha Lauthin. (Der Kaufkontrakt im Original: Kontraktstube des St. Archivs 1779 Fol. 277 a.)

Anna Maria Lauthin étant morte, sa moitié de la maison revient par héritage à sa soeur et à ses deux frères; ces derniers vendent en 1783 leur sixième à Suzanna Margaretha Lauthin, qui devient propriétaire unique. Dans cet acte de vente les frères sont intitulés: Mag. Johann Jacob Lauth, evangelischer Pfarrer zu Scharrachbergheim, l'autre Hr. Johann Daniel Lauth, Notarius publicus juratus. Après la mort de leur seconde soeur, le pasteur Lauth vend en 1786 à son frère, le notaire, la moitié de la maison qu'il vient d'hériter; celui-ci reste donc seul propriétaire. »

Aus allen diesen Urkunden ergibt sich also, dass die Jungfern Lauth bereits 1766 in der Knoblochgasse wohnten und daselbst 1779 das Haus Nr. 22 kauften. Höchst wahrscheinlich haben sie auch vor 1779 dasselbe Haus mietweise mit dem Bruder, der in demselben schon bei seiner Etablierung 1773 vorkommt, bewohnt und demselben, welcher unverheiratet geblieben ist, gleichzeitig die Wirtschaft geführt.

Als ich mit dem freundlichen Besitzer das sehr altertümliche Haus einer genauen Besichtigung unterzog, bemerkte ich über der Hausthür die Jahreszahl 1716 und im Hofe die Jahreszahl 1555. Im untern Stockwerk befinden sich sehr alte Magazine, im ersten Stock ist, getrennt von der vorderen Wohnung, die Notariatsstube des Joh. Daniel Lauth unverändert mit dem Ausblick ins Schiffgässchen erhalten und in jener, auf die Knoblochgasse und das Schiffgässchen gehend, ein grosses helles Eckzimmer nach vorn, welches durch ein Schiebfensterchen — ein gleiches kommt in den anderen Stockwerken nicht vor — mit einer geräumigen Küche in Verbindung steht, deren altertümlicher, mächtiger Herd, wie mir die Besitzerin mit eigener Verwunderung erklärte, mit seinen ausgedehnten Brat- und Backeinrichtungen für die Bereitung eines Mittagstisches von 30 Personen noch heute ausreicht.

Höchst wahrscheinlich ist also zu jener Zeit auf dem ersten Stock des Hauses Nr. 22 an der Ecke der Knoblochgasse und des Schiffgässchens das Speisezimmer der Jungfern Lauth gewesen. Wohl fehlt noch der auf dies Haus bezügliche Lehnungskontrakt der Jungfern Lauth, welcher vor 1779 gesucht werden muss. Allein wenn auch nur sehr geringe Hoffnung vorhanden ist, dass derselbe einmal zufällig aus den zahlreichen inventarlosen Notariatsakten des Bezirksarchivs zu Tage treten wird — in der Kontraktstube fand ich ihn nicht — so bin ich trotzdem in der Lage, durch folgende vollkommenen Ersatz bietende Urkunden jene höchste Wahrscheinlichkeit zur Gewissheit zu erheben.

Die Universitätsmatrikel enthält nämlich ausser obigen beiden noch folgende zwei auf den Namen Lauth bezügliche Eintragungen:

1775 die 19. Maji: Carolus Henricus Kern Buxovillanus in hospitio Domini Notarii Lauth.

1777 die 11. Oct.: Fridericus Jacobus Riese Francofurtensis ad Moenum bey Herrn Notarius Laut.

Dies hospitium bei einem Unverheirateten, der kein eigenes Haus besessen, kann füglich nur so verstanden werden, dass die Schwestern, welche notorisch schon 1766 in der Knoblochgasse vorkommen, in einem und demselben Hause mit dem Bruder wohnten, so dass dies Haus bald dasjenige der Jungfern Lauth, bald dasjenige des Notars Lauth genannt zu werden pflegte; spricht doch auch der Theologe Röderer in einem Briefe an Lenz vom 23. Mai 1776 von einem Lauthschen Hause schlechthin, was die Annahme zweier von Studenten bewohnten Lauthschen Häuser in der Knoblochgasse ausschliesst.

Es war am 9. April 1778, als der Theologe Liborius Bergmann aus Riga (1754—1823), den seine Zeitgenossen den

«Unvergesslichen» nannten, auf seiner Durchreise nach der Schweiz bei den Jungfern Lauth in der Knoblochgasse den Abschied von liebgewonnenen Freunden feierte. Der Abend war bereits vorgerückt, die Stimmung der Anwesenden infolge des trefflichen Weines, den die Wirtinnen kredenzten, und den vor allen ihr eigener Bruder, der in demselben Hause wohnende Notarius, zu schätzen wusste, sehr gehoben. Da reichte Bergmann, nach damaliger Sitte, sein stattliches Stammbuch, das bereits durch die Namen des Logen-Grossmeisters Ferdinand von Braunschweig, Lessings und anderer bedeutenden Männer geziert war, zur Einzeichnung am Tische herum. Der Vorrang gebührte unstreitig dem würdigen Aktuarius Salzmann. In dem seligen Gefühl echter Menschenliebe schrieb derselbe da, wo er gerade eine freie Seite fand :

> Das Leben ohne Liebe ist Tod.

Strasburg den 9ten Aprilis 1778.   Salzmann Act.

Ihm folgte mit gleich elegischem Spruche Magister Müller vom Strassburger Gymnasium :

> Non habitandi sed commorandi nobis natura in
> his terris dedit diversorium.

Strassburg den 9ten April 1778.
> Zum Angedenken schrieb diese Zeilen
> des Herrn Besitzers Freund und ergebenster Diener
> M. Friedr. Wilh. Müller.

Da war es denn Zeit, dass im Gegensatz zu so schwermütiger Stimmung Notar Lauth an die genussreiche Gegenwart erinnerte. Dieweil der Abend bereits verflossen ist, spricht er mit derbem Strassburger Humor den energischen Entschluss aus, überzukneipen :

> Tempus est praeteritum
> Machen wir ein Loch ins Futurum.

Strasburg den 9ten April 1778.
> Diese Zeilen seind dem Besitzer dieses Stamm-Buchs
> deswegen hineingesetzt worden, damit er sich, wann
> ihm solche zu lesen fürkommen, dessen wahrhaften
> Freunds errinnern möge, der sich nennt
> J. D. Lauth, Not.

Ohne Zweifel fand diese Aufforderung bei dem jüngeren Teile der Gesellschaft freudige Zustimmung. Denn schon war Mitternacht überschritten, als der im Lauthschen Hause wohnende Studiosus der Medizin F. J. Riese unter dem Datum des 10. April eintrug:

> Weissheit, Freundschaft, gutes Blut und Wein
> Sonst ist alles eitel.
>
> **Strassburg den 10ten Aprill 1778.**
>
> Zu beständigem Andenken
> geschrieben von Ihrem ergebensten Diener
> F. J. Riese aus Frankfurth a. M.
> D. A. G. B.

Mit dieser meiner Deutung der Situation, in welcher jene Stammbuch-Eintragungen erfolgt sein mögen, wird hoffentlich Herr Oberlehrer Th. von Riekhoff in Fellin in Livland, dessen besonderer Güte ich die Mitteilung derselben verdanke (siehe auch dessen interessanten Aufsatz «Liborius Bergmann» im Jahresb. d. Felliner litter. Gesellschaft 1888) zufrieden sein. Ob die falsche Datierung des von dem Frankfurter Studiosen der Medizin E. Heeser herrührenden Eintrags «Strassburg den 7ten März 1778» zu welcher Zeit L. Bergmann nachweislich noch in Braunschweig weilte, auf Rechnung jenes angeheiterten Abends zu setzen ist, muss füglich dahingestellt bleiben.

III. Ein Dankbrief Jung-Stillings an die Mitglieder der Salzmannschen Gesellschaft.[1]

Adresse: Monsieur Monsieur Rœderer S. S. Theologiae Magister im Wilhelmer Collegio bey der Neuen Kirchen zu Strasburg.

Ronsdorf, d. 22t. Junii 1771.

Verehrungswürdigste Freunde

Meine ergebenste Neigung zu Ihnen, wählte sich obige zwey worte die vielleicht die Höflichkeit (gallicismus) verworfen hätte, wenn Ich nicht wüste, dass unter uns nicht die Zunge, sondern

---

[1] In Röderers Nachlass.

die Empfindungen redeten, ist die Zärtlichkeit Ihrer Hertzen wohl den Ausdrücken Ihres Briefes gemäs? Ich zweifle gar nicht daran, aber wo finde Ich denn Vermögen genug dankbar zu seyn? Unschätzbare Freunde! Ist es genug wann ich Ihnen mein gantzes Leben vorzüglich widme? Meiner Gattin gefällt dero Schreiben sehr wohl, wissen Sie warum? es kommt ziemlich mit Ihren gedanken überein, wann ich es nicht besser wüsste (ins öhrchen) Ich würde ein wenig stoltz. Ich mag wohl sagen, dass die Liebe alle Tugenden ziemlich vergrössert, hingegen die Fehler verkleinert, so viel gestehe Ihnen auss dem Ehegeheimniss, dass unter allen Vergnügen dieser Welt keins edler, keins der Menschlichkeit geziemender ja keins himmlischer ist, als die Vereinigung zweyer gefühliger Gemüther, die die Gottheit zusammen zu seyn geschaffen zu haben scheinet. Ich stehe jetzt in dem angenehmen Gefühlspunkt, in welchem Sie mich von Strassburg aus erblicken, und Ich kann Ihnen auch im Vertrauen sagen, dass I c h wenigstens so viel angenehmes an meiner Freundin wahrnehme, als hinlänglich ist, die Zufälligkeiten dieses Lebens zu versüssen, es ist also so halb und halb getroffen wass Sie von mir auf meine Liebste geschlossen haben, trauen Sie aber den Kennzeichen eben nicht immer, alle brave Männer würden sonst eben so brave Weiber haben.

Meine Liebste ist allzu gefühlig, als dass Sie nicht Ihre zärtliche Empfindungen über uns beyde an Ihrem Hertzen gewahr werden sollte und soll Ich Ihnen sagen, wass Sie wünschet? dass ein Jeder von Ihnen ein Jung seyn möchte, und alle Ihre künftigen Gattinen, dieses so empfinden möchten, wie Sie. Ich aber theuersten Freunde! Ich wünsche einem Jeden von Ihnen eine Jungfer Heyders, so ist leicht Jung zu seyn.

Das Geschlecht der Jungen dankt Ihnen im Reiche der Möglichkeit so gut es sich thun läst, wann man noch nicht weiss, ob das peut-être zum être wird, Ich meines Orts werde so viel dabey thun, und Ihren allerliebsten Brief an meinen allerverwahrlichsten Ort beylegen, meine vermuthliche Nachkommen können alsdann der zu der Zeit blühenden Strasburger Societaet Ihren weyhrauch streuen.

Möglich ist es wohl nicht, wesentlich an zwey orten zugleich zu seyn, wohl aber von einem zum andern zu kommen, die zarte Thränen meiner Liebsten, die Sie mir oft am Halse weint, sind mächtig genug, mich hier zu halten, wann nicht die anbätenswürdige Vorsicht, es so haben wollte, dass Ich noch eine Zeit lang in Strasburg seyn sollte, einige Tage nach lesung dieses meines Briefes werden Sie mich wieder sehen. Ich werde Ihnen alsdann alle Zweifelsknoten und Räthsel hinlänglich auflösen, welche Ich Kürtze halber jetzt bis dahin versparen muss. Zählen Sie aber ja nicht die Entschuldigungen nach den Küssen, die Ich empfange und austheile, die müsen Sie mit Millionen, oder gut poetisch zu sagen, nach Myriaden messen. Ihre treuen wünsche womit Sie mich überhäuffen Verehrungswürdigste Freunde! sind ohnehin unvergeltbar, warum machen Sie mich aber zum ewigen Schuldner mit Ihren Präsenten? Ich erstumme dabey, Ich werde nicht mit worten sondern mit der That zeigen, wie viel Ich Ihnen zu danken habe, vergelten kann Ich nicht, sehen Sie nur das Hertz an.

Meine inniggeliebteste Ehefreundin empfielet sich Ihnen allen ergebenst. Ich habe unter froher Erwartung einer baldigen Umarmung die Ehre lebenslang zu seyn

Dero
Ergebenster Freund und Diener
J. H. Jung.

P. S. Die Krankheit meines lieben Herrn Otts[1] scheint mir so gefährlich nicht zu seyn. Der angehängte[2] falsche Kotzer[3] macht mir ziemlich guten Muth. Er kann unterdessen wohl dann und wann ein gutes Schweistreibendes Mittel brauchen. Zell isch wohr.[4]

Der Verfasser dieses in Strassburg von mir entdeckten und hier zum ersten Mal veröffentlichten Briefes ist Johann Heinrich Jung, genannt Stilling, geboren den 12. September 1740 als Sohn eines armen Schulmeisters und Schneiders zu Grund im Nassauischen, gestorben den 2. April 1817 als Hofrat in Heidelberg.

[1] Wahrscheinlich ist Joh. Mich. Ott, Lenzens intimer Freund, der älteste Sohn des Magisters Joh. Mich Ott vom Strassb. Gymnasium, gemeint.
[2] «Im Brief nachträglich erwähnte».
[3] «falscher Kotzer» bedeutet eine ungefährliche Hustenart
[4] «Selbiges ist wahr!» — Jung-Stilling will sich als Elsässer fühlen. Aehnlich Lenz im Tagebuch, Deutsche Rundschau 1877 S. 283 : «Warten'r!»

In seiner Jugend auf dem besten Wege, Kohlenbrenner zu werden, ergriff Jung das Schneiderhandwerk, vertiefte sich, wie denn seine ganze Familie vom Geiste des Mysticismus angesteckt war, in mystisch-theosophische Schriften, wurde Hauslehrer, lernte noch im 28. Lebensjahre Griechisch und wanderte in seinem 30. mit einem älteren Chirurgen Troost nach Strassburg, um an dieser Universität, von welcher damals nach Virchow's Ausspruch die Anatomen Deutschlands verschrieben wurden, Medizin zu studieren.

Am 17. September 1770 kehrten beide Jünger Aesculaps bei Herrn Joh. Heinrich Blessig in der Axt am Kaufhausstaden ein, schrieben sich am folgenden Tage, nachdem sie ein Logis gefunden, in die noch erhaltene Universitätsmatrikel:

18. Sept. 1770.
Engelbert Troost Chirurgien d'Elberfeld logé chez Mess. Richard & Clement
Johann Henrich Jung étudiant en Medicine de Ronsdorf logé chez Mess. Richard & Clement.

und wählten ihren Mittagstisch bei den Jungfern Lauth in der Knoblochgasse, wo Jung die Bekanntschaft Goethes, Lerses, Salzmanns machte und von letzterem in die « Gesellschaft der schönen Wissenschaften », einen von Salzmann präsidierten litterarischen Verein Studierender, als Mitglied aufgenommen wurde.

Besonders nahm sich Goethe Jung-Stillings an. Obgleich nämlich Goethe gerade damals die Fesseln des Pietismus, in welche ihn der Einfluss des Fräuleins v. Klettenberg und sein Krankheitszustand in Frankfurt gebracht, im Umgang mit dem Vernunftphilosophen Salzmann abgestreift hatte, so lag dennoch in dem kindlichen Gemüt, dem festen, mystischen Glauben Jung-Stillings so viel Poetisches, dass er, wie Herder, sich von dessen Wesen unwillkürlich angezogen fühlte.

« Das Element seiner Energie, schreibt Goethe über ihn in Dichtung und Wahrheit Bch. 9, war ein unverwüstlicher Glaube an Gott und eine unmittelbar von daher fliessende Hülfe, die sich in einer ununterbrochenen Vorsorge und in einer unfehlbaren Rettung aus aller Not, von jedem Uebel augenscheinlich bestätige. Jung hatte dergleichen Erfahrungen in seinem Leben so viele gemacht, sie hatten sich selbst in der neuern Zeit, in Strassburg, öfters wiederholt, so dass er mit der grössten Freudigkeit ein zwar mässiges, aber doch sorgloses Leben führte und seinen Studien aufs Ernstlichste oblag, wiewol er auf kein sicheres Auskommen von einem Vierteljahre zum andern rechnen konnte. »

Obiger Brief Jung-Stillings vom 22. Juni 1771, aus Ronsdorf (Regierungsbez. Düsseldorf, Kreis Lennep) datiert, ist an die Mitglieder der Salzmannschen Gesellschaft gerichtet und gliedert sich ganz von selbst in den S. 351-366 erzählten Passus seiner «Wanderschaft» ein, so dass der Zweifel an dem geschichtlichen Wert der in dieser Selbstbiographie gegebenen Daten wenigstens an einer bedeutsamen Stelle von nun an gehoben ist.

Zehn Tage vor Pfingsten — es war dies der 9. Mai 1771 — ging Stilling in die Komödie — Stilling meint das deutsche Theater in der Tucherstubgasse — um ein gewisses Stück zu sehen, das man ihm sehr gerühmt hatte. Es war Romeo und Julie, sowie es Weisse dem deutschen Theater bequem gemacht. Auf dem Parterre aber überfiel ihn ein sehr trauriges Gefühl, ohne dass er die Ursache desselben gewusst hätte. Bald darauf erhielt er einen Brief von seinem zukünftigen Schwiegervater Friedenberg (sein wahrer Name war Heyders) aus Rasenheim (Ronsdorf im Bergischen) vom 9. Mai, der ihm das Verlangen seiner heftig erkrankten Braut, ihn noch einmal vor ihrem Ende zu sehen, meldete.

« Stilling stürzte wie ein Rasender von einer Wand an die andere, er weinte nicht, seufzte nicht, sondern sah aus wie einer, der an seiner Seligkeit zweifelt; er besann sich endlich so viel, dass er seinen Schlafrock auswarf, seine Kleider anzog und mit dem Brief zu Herrn Gœthe hintaumelte. Sobald er in sein Zimmer hinein trat, rief er mit Seelenzagen: Ich bin verloren! Da lies den Brief! Gœthe las, fuhr auf, sah ihn mit nassen Augen an und sagte: Du armer Stilling! Nun ging er mit ihm zurück nach seinem Zimmer. Es fand sich noch ein wahrer Freund, dem Stilling sein Unglück klagte. Gœthe und dieser Freund packten ihm das Nötige in sein Felleisen, ein Anderer suchte Gelegenheit für ihn, wodurch er wegreisen könnte, und diese fand sich, denn es lag ein Schiffer auf der Breusch parat, der den Mittag nach Mainz abfuhr und Stillingen gern mitnahm. Nachdem nun Gœthe das Felleisen bereit hatte, so lief er und besorgte Proviant für seinen Freund, trug ihn dem ins Schiff; Stilling ging reisefertig mit. Hier letzten sich Beide mit Thränen. Nun fuhr Stilling im Namen Gottes ab, und sobald er nur auf der Reise war, so fühlte er sein Gemüt beruhigt, und es ahnete ihm, dass er seine Christine noch lebendig finden und dass sie besser werden würde.»

Nach glücklich überstandenen Abenteuern kam Jung-Stilling am zweiten Pfingsttag, den 20. Mai, zu Ronsdorf an. Die namenlose Freude war für Christinen insofern von üblen Folgen, als sie in die heftigsten Konvulsionen geriet, so dass Stilling in äusserster Traurigkeit drei Tage und drei Nächte an ihrem Bette ihren Tod erwartete. Allein ihre Jugend überwand die gefürchtete Krisis, und binnen vierzehn Tagen war sie so weit genesen, dass die Verlobung erfolgte und auf Zureden der Freunde Jung-Stilling am 17. Juni 1771 mit seiner Braut zum Ehestande eingesegnet wurde.

Gewiss hat Jung-Stilling das freudige Ereignis seinen Strassburger Freunden im voraus angezeigt, denn diese sandten ihm Geschenke, wie aus obigem Schreiben vom 22. Juni zu ersehen ist. Voll Entzücken schildert der junge Ehemann den Strassburger Freunden in den empfindsamen Ausdrücken jener Periode die Vorzüge seiner jungen Frau und fügt die Hoffnung hinzu, dass, da er selbst zu schwach sei, seine Nachkommen der zur Zeit blühenden Strassburger Societät, nämlich jener Gesellschaft der schönen Wissenschaften, ihren Weihrauch streuen würden.

Bald nach Ankunft jenes Dankschreibens kehrte auch Jung-Stilling, wie er verheissen, zur Fortsetzung seiner Studien nach Strassburg zurück.

«Sein erster Gang war zu Gœthe. Der Edle sprang hoch in die Höhe, als er ihn sahe, fiel ihm um den Hals und küsste ihn. «Bist du wieder da, guter Stilling!» rief er, «und was macht dein Mädchen?» Stilling antwortete: «Sie ist mein Mädchen nicht mehr, sie ist nun meine Frau.» «Das hast du gut gemacht,» erwiderte jener; «du bist ein excellenter Junge.» Diesen halben Tag verbrachten sie vollends in herzlichen Gesprächen und Erzählungen.»

Im Winter 1771-1772 beendigte Jung-Stilling in Strassburg seine Studien und promovierte mit Ruhm und Ehre. Der Chemiker Jakob Reinbold Spielmann war Dekan. «Als der ihm nach geendigter Disputation die Licenz gab, brach er in Lobsprüche aus und sagte: dass er lange Niemand die Licenz freudiger gegeben habe als gegenwärtigem Kandidaten; denn er habe mehr in so kurzer Zeit gethan, als viele andere in fünf bis sechs Jahren.»

« Stilling stand da auf dem Katheder; die Thränen flossen ihm häufig über die Wangen herunter. Nun war seine Seele lauter Dank gegen den, der ihn aus dem Staube hervorgezogen und zu einem Berufe geholfen hatte, worin er, seinem Trieb gemäss, Gott zu Ehren und dem Nächsten zum Nutzen leben und sterben konnte.»

Den 24. März 1772 nahm Jung-Stilling von allen Freunden in Strassburg Abschied. Dass er aber auch später noch mit seinen Strassburger Bekannten in Verbindung blieb, beweist seine aus 150 Briefen bestehende Korrespondenz mit dem Theologen und Juristen Friedrich Rudolf Salzmann, einem Vetter des Aktuarius, dem Erzieher des Freiherrn von Stein, die noch vor 20 Jahren vorhanden war und hoffentlich seitdem nicht verloren gegangen ist, obgleich sie sich an derjenigen Stelle nicht mehr vorfindet, wohin sie durch Erbschaft hätte gelangt sein müssen.

IV. Der Dichter Lenz und die Salzmannsche Gesellschaft.

Im Frühjahr 1771 kam der 20 jährige Student der Theologie Jakob Michael Reinhold Lenz aus Livland, in Begleitung der beiden kurländischen Barone Friedrich Georg und Ernst Nikolaus v. Kleist, welche in französischen Militärdienst zu treten gesonnen waren, von der Universität Königsberg in Strassburg an. Der Grund, der Lenz nach Strassburg trieb, war keineswegs, wie Oberflächlichkeit geurteilt hat, ein zufälliger; Lenz hat ihn uns im «Waldbruder» verraten. Es war derselbe, der Friedrich den Grossen, Goethe und manche andere grosse Geister dorthin führte, nämlich derjenige, die damals überlegene französische Bildung an ihrer Quelle zu studieren. Dass das trotz langjähriger französischer Herrschaft noch wesentlich deutsche Strassburg für solche Zwecke unglücklich gewählt war, sahen alle erst bei persönlicher Anschauung ein. Immerhin war Lenz von dem allgemeinen Zuge der Geister nach Frankreich getrieben, als er die sich ihm bietende Gelegenheit zu seiner Ausbildung ergriff, ohne den Zwist mit seinem Vater, einem nicht nur strengen, sondern, wie es scheint, auch herzlosen Geistlichen zu scheuen.

In Strassburg angelangt, schloss sich der «sanfte» Lenz, den der Umgang mit den Offizieren der Garnison nicht befriedigen konnte, an die dort studierende deutsche Jugend an; er wurde mit Goethe bekannt. «Goethe, Lenz, Lerse und Jung-Stilling machten einen Zirkel aus, in dem es jedem wohl ward, der empfinden kann, was schön und gut ist.» Es war die Zeit litterarischer Vereinigungen in Deutschland. Auch der Strassburger Aktuar Johann Daniel Salzmann, damals ein hoher Vierziger, hatte einen Kreis junger Studierender um sich geschart, die er zu litterarischen Arbeiten ermunterte. «An dem Ruder unseres Fahrzeuges,» sagt Haffner in seiner akademischen Antrittsrede, « sass er wie ein Steuermann, Einheimischen wie Fremden durch vollendete Humanität, durch die ganz einzige Liebe und Güte seines Charakters längst bekannt und allen teuer. Dieser lenkte unsern Lauf, pflegte uns vor Klippen zu warnen und wusste die stürmischen Wogen jugendlicher Gemüter zu beruhigen.»

Man darf die Bedeutung dieser litterarischen Genossenschaft vor 1775 nicht überschätzen. Nur wenige bedeutende Köpfe, wie Goethe, Herder, Lenz, vermochten mit Scharfblick die Schwächen der ebenso vornehmen als bejahrten französischen Litteratur zu erkennen und auf uraltem reichsländischem Boden, in Anlehnung an den stammesverwandten Shakespeare, germanischen Geist zu erwecken; die elsässischen Mitglieder, wie selbst Lersé mit seiner dürftigen Gedächtnisrede auf Shakespeare, liessen sich von jenen leiten und fielen nur zu bald, als der Halt fehlte, in ihre alte, schon aus politischen Gründen anempfohlene Pflege der Zweisprachigkeit zurück.

Salzmanns litterarische Leistungen bewegten sich stets in demselben Geleise moralischer Betrachtungen. «Ueber die Wirkungen der Gnade, die Liebe, die Rache, über Tugend und Laster, Gemütsbewegungen, Neigungen und Leidenschaften, über Religion und die Glückseligkeit in bürgerlichen Gesellschaften,» so lauten die Titel seiner 1772-1776 vorgelesenen Abhandlungen; kein Wunder, wenn Lenz, der nach dem Fortgang Goethes der geistige Mittelpunkt jener Gesellschaft wurde, in einem Brief an Goethe,[1] im Sommer 1775, seinem Unmut über diese Einseitigkeit litterarischer Bestrebungen Ausdruck verlieh:

«Ich habe viel in der Societät zu überwinden, auf einer

---

[1] R. Zœppritz. Aus F. H. Jacobi's Nachlass II. S. 317.

Seite ists Unglauben. Zerrüttetheit, vagues Geschnarch von Belleliteratur, wo nichts dahinter ist als Nesselblüthen: auf der andern steife leise Schnakenmoralphilosophie die ihren grossmütterlichen Gang fortkriecht, dass ich oft drüber die Geduld verlieren möchte. Da könnte Götz nicht durchdringen, der beyden gleich abspricht. Daher fing ich an ut vates den Leuten Standpunkt ihrer Religion einzustecken, das itzt unter viel Schwürigkeiten vollendt ist,[1] die Erfolge wird die Zeit lehren. Und nun stürm ich mit Ossians Helden [2] hinein das alte Erdengefühl in ihnen aufzuwecken, das ganz in französische Liqueurs evaporirt war. Dass wirs ausführen können, was ich mit ganzer Seele strebe, auf Heyd und Hügel Deine Helden wieder naturalisiren. »

Man muss nicht vergessen, dass jener Sommer 1775 ein für die litterarisch begeisterte deutsche Jugend besonders erregter gewesen. Am 2. Juli beging der Hainbund in Göttingen Klopstocks Geburtstag in feierlichster Weise, indem in Rheinwein Herrmanns und Luthers Andenken erneuert, auf Klopstock, Goethes, Herders Gesundheit getrunken und zum Schluss des « Wollustsängers » Wieland Bildnis verbrannt wurde. [3] Von Göttingen kehrte eben damals Friedrich Rudolf Salzmann, der Erzieher des Freiherrn von Stein, nach Strassburg zurück. Auf die Hülfe dieses Gesinnungsgenossen gestützt, schritt Lenz mit Beginn des Winters zur Ausführung seines lang gehegten Gedankens, nach dem Beispiel der soeben mit Klopstocks Unterstützung in Mannheim gegründeten Deutschen Gesellschaft, welche den nationalen Geist befördern wollte, eine Deutsche Gesellschaft auch auf dem alten reichsländischen Boden des Elsass zu gründen. Der bisherige Leiter der Gesellschaft der schönen Wissenschaften, Aktuarius Salzmann, verhielt sich bei dem neuen Unternehmen mehr passiv. In seinem Hause wurde die Gesellschaft am 2. Nov. eröffnet, bei ihm konnten sich diejenigen vorher melden,

---

[1] «Meynungen eines Layen, den Geistlichen zugeeignet,» ein Werk von Lenz (s. H. Düntzer, Aus Herders Nachlass I. S 241), erschienen Leipzig 1775. Lavater hatte dasselbe im April 1775 erhalten. (s. A. Stöber, Röderer S. 83). In den kleineren Aufzeichnungen von Lenz (bei A. Stöber S. 176): «Die Meinungen eines Layen sind der Grundstein meiner ganzen Poesie, aller meiner Wahrheit, all meines Gefühls, der aber freilich nicht muss gesehen werden; mein Ohrküssen.»

[2] Im Juniheft 1775 der «Iris» begann «Ossian fürs Frauenzimmer» von Lenz zu erscheinen.

[3] H. Chr. Boie von K. Weinhold S. 52.

welche an der Ausarbeitung ihres Vortrages gehindert gewesen waren; von einer eigenen Thätigkeit desselben im Vereine aber hören wir, wie ich im nächsten Aufsatz beweisen werde, kein Wort. Die Gründung der Deutschen Gesellschaft zu Strassburg ist Lenzens eigenstes Verdienst und zwar nicht nur eine litterarische, sondern eine bisher viel zu wenig geschätzte politische That.

Es ist Lenzens Schuld nicht gewesen, dass diese Gesellschaft und ihr Organ, «Der Bürgerfreund», schon im Jahr 1777 ein frühes Ende gefunden hat. Wie Lenz an ihrem Wohlergehen hing, beweist sein Brief an Haffner, Ende Dezember 1776. Allein eine gewisse Gegnerschaft von anderer Seite machte sich schon bei der Gründung des Vereins bemerkbar. Haffner, von dem Röderer im Sommer 1776 schreibt, dass er nur französisch predige, der in einem nicht zu druckenden Briefe an Röderer in Göttingen sich eine bekannte Aeusserung aus Goethes Götz erlaubt, da er, wie er bemerkt, sich nun einmal nach den besten neueren Schriften zu stilisieren suche, opponierte bereits in der 4. Sitzung gegen die Anschaffung von nur solchen Büchern, welche auf die Ausbildung der deutschen Sprache abzweckten, und in der 8. Sitzung drängte sich bereits Ramond, ein Nationalfranzose, mit seinen französischen Erzeugnissen in den deutschen Kreis, den abzuweisen auf französischem Boden um so weniger anging, als hier aller Wahrscheinlichkeit nach eine gelinde Provokation zu Grunde lag.

Lenz war eine viel zu sanfte Natur, als dass er den immerhin talentvollen Franzosen nicht in dem von ihm geführten Protokoll mit Anerkennung behandelt hätte; allein seine Ideale von einer Deutschen Gesellschaft waren um so mehr geschwunden, als er in nicht weniger als 8 Versammlungen 5 mal die wesentlichen Kosten der Unterhaltung hatte tragen müssen. Kaum war Lenz von Strassburg abgereist, so ahmte auch Otto mit seinem Vortrag «de l'Erudition» das Beispiel Ramonds nach, welcher letztere der Reihe nach alle seine poetischen Arbeiten zum besten gab, ja sogar wiederholen liess, wenn er es für nötig erachtete.

Man kann es Lenz nicht verdenken, dass er diesen Schauplatz seiner Thätigkeit bereits Anfang 1776 mit einem nützlicheren zu vertauschen strebte. Welche Mühe hatte er sich gegeben, den Verein auf die richtigen Bahnen zu lenken. Seine beiden 1776 gedruckt erschienenen Vorträge « Ueber die Bearbeitung der deutschen Sprache im Elsass, Breisgau und den benachbarten Gegenden» und « Ueber die Vorzüge der deutschen Sprache», welche er bei der Eröffnung der Gesellschaft am 2. und 9. Nov. 1775 gehalten hat, gehören zu dem Gediegensten, was jemals über diese Gegenstände gedacht und geschrieben worden ist (Lenz' Gesammelte Schriften v. L. Tieck Bd. II).

« Wir alle sind Deutsche. Mit Vergnügen, aber mit heimlichem, habe ich bisher aus einigen Ihrer Vorlesungen gesehen, dass selbst die Obermacht einer herrschenden, und was noch weit mehr ist, verfeinerten Sprache den alten Hang zu dem mütterlichen Boden Ihres Geistes, ich meine, zu unserer nervigten deutschen Sprache, nicht habe ersticken können. Bleiben Sie ihm treu. Alle Ihre kindischen und nachher männlichen Vorstellungen und Gefühle sind auf diesem Boden erwachsen, wollen Sie denen entsagen, weil Sie Unterthanen einer fremden glücklichen Regierung sind? Eben weil diese Regierung menschenfreundlich und beglückend ist, fordert sie diese Aufopferung von Ihnen nicht; der Geist, meine Herren, leidet keine Naturalisationen, der Deutsche wird an der Küste der Kaffern so gut als in Diderots Insel der Glückseligkeit immer Deutscher bleiben, und der Franzose Franzos.

« Vielmehr kann Ihnen diese Nachbarschaft, diese vertraute Bekanntschaft mit einer fremden gebildeten Sprache, zur Bearbeitung Ihrer eigenen, grosse Hülfsmittel an die Hand bieten, deren manche Ihrer Landsleute entbehren. Sehen Sie den unleidlich gedehnten schwäbischen Dialekt, der noch in diesen Gegenden herrschet, mit all seinen Provinzialwörtern und oft hier allein noch erhaltenen uralten Wortfügungen und Redegebräuchen als die Fundgrube an, aus der Sie mit Hülfe der geschliffenern Ausdrücke und Redearten der Franzosen, als mit W e r k z e u g e n, unbezahlbare Schätze für unsere gesammte hochdeutsche Sprache herausarbeiten können. Hüten Sie sich aber, die Werkzeuge zu dem Sprachschatz schlagen zu wollen; hieraus würde ein d e u t s c h f r a n z ö s i s c h entstehen, das der Reinigkeit beider Sprachen gleich gefährlich werden könnte.

« Mir scheinen in unserer Sprache noch unendlich viele Handlungen und Empfindungen unserer Seele n a m e n l o s, vielleicht weil wir bisher als geduldige Bewunderer alles Fremden uns mit auswärtigen Benennungen für einheimische Gefühle begnügt haben, die dann nicht anders als schielend ausgedrückt werden konnten. Ich billige den National-Hochmuth nie, aber sich freiwillig in den Fall setzen, andere Leute nötig zu haben, wenn man dessen entübrigt seyn kann, ist eine Trägheit, die gar zu gern in sklavische Unterwürfigkeit ausartet und den Adel der Seele tödtet. Ich bin auf diese Ausdrücke eifersüchtiger als auf Worte, die Sachen oder Werkzeuge bezeichnen, weil sie auf Sinnesart und Handlungen wirken. Dass eine andere Nation es in dieser und jener Kunst weiter gebracht habe, können wir ihr leicht zugestehen, willig uns zu ihr in die Schule geben; aber dass sie Herrscher unserer Seele und deren Bewegungen seyn soll, wo der Vorzug ihrer Art zu empfinden nicht ausgemacht ist, muss jeden wahren Patrioten schmerzen. Daher allein kommt es, dass wir bisher (aus einer nur faulen, nicht edlen Selbsterniedrigung) unsern Nachbarn zum Gelächter haben dienen müssen.»

Und in seinem zweiten Vortrage «Ueber die Vorzüge der deutschen Sprache»:

«Wir fangen von heute an, uns zu einer sich selbst durch gewisse Regeln bindenden Gesellschaft zusammen zu thun. Hierdurch verbinden Sie sich weiter zu nichts, als unsere gesellschaftlichen Bemühungen für die Aufnahme einer **gebildeten deutschen Sprache** in diesen Gegenden durch mündliche oder schriftliche Beiträge, oder auch nur durch ihr Ansehen und Vorspruch zu unterstützen. Wie nothwendig es aber sey, dass hinführo keine andere als deutsch geschriebene Aufsätze hier vorgelesen werden, sehen m. H. von selber ein. Zu geschweigen, dass sie durch Aufsätze in fremden Sprachen den Ausdruck in ihrer Muttersprache nicht bloss vernachlässigen, sondern auch nach und nach, ohne dass sie es selber merken, durch Gallicismen verfälschen und verderben mussen. Ist Ihnen also daran gelegen, das Band mit Ihrem deutschen Vaterlande, und den Schriftstellern desselben zu erhalten, so wird Sie diese kleine Ueberwindung, wenn es eine ist, nicht schwer ankommen; sollten Sie auch allenfalls Sachen, die Sie französisch gedacht haben, ins Deutsche übersetzen müssen, um ihnen die letzte Vollkommenheit zu geben.

«Darf ich bei dieser Gelegenheit ein paar Anmerkungen machen, die Sie beim ersten Anblick für partheiisch halten, bei mehrerem Nachdenken aber wahr befinden werden. Unsere Sprache ist den Wissenschaften und denen, die in denselben auf Erfindungen ausgehen, weit vortheilhafter als die französische, weil sie dem Geist mehr Freiheit lässt. Ich will Ihnen das durch ein Beispiel beweisen.

«Die Zeitwörter (verbes) als die Bestimmungen aller Handlungen und Veränderungen der Dinge, sind, dass ich so sagen darf, der edlere Theil und die Seele aller Sprachen, da die Nennwörter (Substantifs und Adjectifs), wenn mir erlaubt ist dies Gleichniss fortzusetzen, nur den Körper derselben ausmachen. Welche Sprache den freiern Gebrauch der Zeitwörter hat, muss nothwendig die edlere und kühnere, und für den Ausdruck unserer Gedanken folglich die vortheilhaftere seyn. Dass dies der Fall bei unserer Muttersprache sey, kann mir die Unpartheilichkeit selbst nicht abstreiten. Die Franzosen haben für ihre Zeitwörter einen gewissen angewiesenen Platz, aus dem sie gleichsam wie Präsidenten in einem Collegio, sich nicht weg begeben dürfen. Die Deutschen können ihre Zeitwörter, ohne im geringsten den Gesetzen der Sprache Gewalt anzuthun, hinstellen wo sie wollen. Und wie unendlich muss die Freiheit, die Stärke, die Mannigfaltigkeit des Ausdrucks dadurch gewinnen?

«Zum Exempel. Der Franzose sagt:

J'aime Dieu et mon prochain.

« Ich glaube nicht, dass eine andere Zusammensetzung dieser Worte möglich ist. Der Deutsche kann mit eben diesen Worten sich auf drei verschiedene Arten ausdrücken, die jede einen andern Sinn, wenigstens eine andere Schattirung des nämlichen Gedankens geben, und das bloss durch die Versetzung des Zeitworts:

« Ich liebe Gott und meinen Nächsten.
« Gott und meinen Nächsten liebe ich.
« Gott liebe ich und meinen Nächsten.

« Ich habe es dir gegeben
sagt bei weitem nicht das, wenigstens nicht mit dem Nachdruck, was:

« Dir habe ich es gegeben.

« Und nun, wenn der andere allenfalls sagen wollte: er habe es mir mit Gewalt genommen.

« Gegeben habe ichs dir.

«Welch eine Kürze, da der Franzose notwendig da mit einem ganzen Komma zu Hülfe kommen müsste, vous ne me l'avez pas pris, je vous l'ai donné, oder im vorigen Fall mit einem : C'est vous, à qui je l'ai donné, wenn die Person, der es gegeben worden, zweifelhaft ist.

«Alle diese Vortheile erhalten wir dadurch, dass wir das Pronom personnel ich, du, er u. s. w. eben sowohl vor als hinter das Verbe setzen dürfen, da den Franzosen das letztere nur bei einer Frage erlaubt ist, sie also immer das Verbum nothwendig am Anfang des Komma hinstellen müssen, von dem es sich nicht wegbegeben kann.

« Noch ein Vortheil, der ebenso gross und wichtig ist, dass die Verbes im Deutschen, wie der Verstand eines Feldherrn die ganze Armee, so sie alle ihnen zugeordneten Wörter einschliessen und umfassen können, folglich sich weit geschwinder mit den darauf folgenden Zeitwörtern (Verbes) anschliessen, und so die Combination der Ideen weit geschwinder und glücklicher befördern. Bei den zusammengesetzten Zeitwörtern springt dieser Vortheil in die Augen,

il est parvenu par ses talens supérieurs, et par ses vastes connoissances et disposant des graces du Souverain, il a su —

« Hier habe ich bei dem Worte connoissances das Zeitwort schon vergessen, dagegen der Deutsche, der alles in Zeitwort einschliesst, mich keiner Gefahr aussetzt :

« Er ist durch seine vorzügliche Talente und durch seine ausgebreiteten Kenntnisse emporgekommen, und hat, da er über die Gunstbezeugungen des Fürsten handhaben durfte, die würdigsten Gelehrten an seinen Hof zu ziehen gewusst.

«Alle Verbes composés im Französischen bleiben unzertrennbar, surprendre, surpasser, parcourir, remettre, repousser, dagegen im Deutschen nur deren wenige sind, die mehresten aber sich unter derselben Bedeutung wieder zertrennen lassen, und also die ihnen zugeordneten Nebenbegriffe einschliessen und umfassen können, je repousse ce traitre, je reclame mes droits, ich stosse diesen Verräter zurück, ich fordere meine Rechte wieder ; ils convenoient dans cette assemblée de l'abolition des langues étrangères et concluoient unanimement que — sie kamen in dieser Versammlung über die Abschaffung der fremden Sprachen überein und beschlossen u. s. w.»

Goethe nennt bekanntlich den Dichter Lenz « whimsical,» was, wie das Wörterbuch ausweist, gar manche Seltsamkeiten in einem Begriffe zusammenfasse und Erich Schmidt, Lenz und Klinger S. 7 meint, dass eine Umschreibung des nicht übersetzbaren englischen Wortes das verhängnisvolle «verrückt» wenigstens streifen müsste. Dagegen muss ich gestehen, dass Lenzens Thätigkeit wenigstens in der Deutschen Gesellschaft die Vernunft selber ist. Wem es vielleicht sonderbar erscheinen möchte, dass ein begabter Dichter sich so zum Lehrmeister einer gebildeten Genossenschaft aufwirft, den erinnere ich an die Aeusserung Petersens über die Strassburger Gelehrtenwelt: «Alles spricht hier fertig lateinisch und französisch, schreibt es auch; mich dünkt aber, sie wüssten keine Sprache recht, weder lateinisch noch französisch noch deutsch.» Selbst die Geistlichen auf der Kanzel bedienten sich eines ungebildeten, für das deutsche Ohr unverständlichen deutschen Dialekts, weshalb der Erbprinz Karl August von Sachsen-Meiningen, nach mehreren vergeblichen Versuchen in dem deutschen Gottesdienst, die französische Predigt vorziehen zu müssen erklärte.

Wie recht hatte daher Lenz, als er seine elsässer Freunde aufforderte, sich gegenüber der ins Land eindringenden französischen Sprache nicht mit der oberflächlichen Erlernung der deutschen Muttersprache in ihrer Jugendzeit zu begnügen, sondern dieselbe zum Gegenstand eines liebevollen Studiums zu machen. «Welch ein Unterschied, ruft er aus, unter einer Sprache, die nur erlernt ist, und einer, die wir uns selber gelehrt haben? Das erste macht Papageyen, das andere Menschen.»

Unvergessen soll darum Lenz seine unermüdliche, schöne Thätigkeit für das Deutschtum im Elsass sein! Und wenn sich in kurzer Zeit auf dem Kaiserplatz in Strassburg das Kolossaldenkmal Kaiser Wilhelms des Einzigen inmitten seiner ruhmreichen Staatsmänner und Feldherrn erheben wird, so wird hoffentlich später einmal auf dem gegenüberliegenden Universitätsplatz sich um das Standbild Gœthes, seit dessen «Dichtung und Wahrheit» sich Deutschlands Augen niemals wieder von dem verlorenen Reichslande abgewendet haben, die Gruppe der geistesverwandten, um das Elsass wohlverdienten Männer der Geniezeit reihen, unter denen Jakob Michael Reinhold Lenz, das Protokoll der deutschen Gesellschaft in Händen, einen Ehrenplatz beanspruchen darf.

V. Das Protokoll der Deutschen Gesellschaft in Strassburg nach der Originalhandschrift nebst einem Briefe von Lenz an Haffner.

Als A. Stöber in der Alsatia 1862—1867 das Protokoll der angeblich vom Aktuarius Salzmann präsidierten litterarischen Gesellschaft in Strassburg veröffentlichte, hatte er nicht das Original, sondern nur eine ungenaue Abschrift vor sich, denn seine Versicherung S. 174, der Abdruck sei getreu nach dem Original mit Beibehaltung der Schreibart und selbst der Abkürzung der Wörter wiedergegeben, kann vor der objektiven Wahrheit nicht bestehen. Vor allem fehlt das Mitgliederverzeichnis, welches doch nach einer Bemerkung S. 175 im Manuscript gestanden haben musste. Diese Erkenntnis veranlasste mich, dem Verbleib der Handschrift nachzuspüren, die ich im Besitze eines Mitgliedes der Familie Matter entdeckte. Vergeblich freilich waren auch meine Bemühungen, persönliche Einsicht in jenes für die deutsche Litteratur so interessante Schriftstück zu erhalten oder vielmehr dasselbe für Strassburg zurückzugewinnen; die nach der freundlichen Mitteilung des Besitzers hinzugefügten Rand- und Zwischenbemerkungen vertraulichsten Inhalts machten eine Erfüllung meiner Wünsche unmöglich. Dagegen erhielt ich von der ausserordentlichen Güte des gelehrten Besitzers ein genaues Verzeichnis der dem Stöber'schen Druck anhaftenden Versehen, welche mir bedeutend genug erschienen, um einen Neudruck des ohnehin wenig gekannten und nicht sehr umfangreichen Schriftstückes zu rechtfertigen.

Nach den mir gemachten Mitteilungen besteht die Handschrift aus einem Quartheft (21 × 17 cm) von 22 erst später gehefteten einzelnen Blättern. Die Ueberschrift bei Stöber: «Protokoll der vom Aktuar Salzmann präsidierten litterarischen Gesellschaft in Strassburg (2. November 1777 bis 9. Jänner 1777),» sowie der Titel: «Gesellschaft zur Ausbildung der deutschen Sprache (Akt. Salzmann S. 20)» rühren von Stöber selbst her. Vielmehr trägt die erste Seite den bisher unbekannten, weil zu französischer Zeit verschwiegenen Titel:

Protocoll
einer
den 8ten October
1775
neu eingerichteten
Deutschen Gesellschaft
in Strasburg.

Auf der 3. Seite folgt ein neuer Titel: «Anzeige der Vorlesungen,» ohne dass jedoch die damit angekündigte Absicht verwirklicht wäre. Die nächsten 12 Blätter sind in je 2 Kolonnen geteilt, welche, den 24 Buchstaben des Alphabets dienend, den eigenhändigen Namenseintrag der Mitglieder in alphabetischer Reihenfolge enthalten. Es sind im ganzen 32 Namen, unter denen 14 bisher gänzlich unbekannte, gewiss eine stattliche Schar von gebildeten Männern und Jünglingen. Wenn daher Lenz in einem Briefe an Gotter von seiner Nachahmung der Captivi des Plautus rühmt, sie sei in Strassburg in grosser Gesellschaft vorgelesen worden und habe Glück gemacht, so ist der Spott Weinholds (Dram. Nachlass v. Lenz S. 25) wie so vieles gegen Lenz Vorgebrachte hinfällig, der dazu die Bemerkung setzt: «Unter dieser Vorlesung in grosser Gesellschaft meinte der **grossthuende** Lenz die Vorlesung in der Salzmann'schen Gesellschaft.»

Das Mitgliederverzeichnis.

Franz Joseph Armbruster, aus Wolfach im Kinzigerthal.
Johann Lorentz Blessig, aus Strasb.
Johann Siegfried Breu aus Strasburg.
Johann Friedrich Corvinus.
Dietrich Johann Niclauss von Strassburg.
Johann Ehrmann aus Strasb.
Friderich Philipp Eisenberg aus Treptow in Pommern.
Joh. Mich. Fries aus Strasburg.
Philipp Jacob Greiner aus Strasburg.
Isaac Haffner von Strassb.
Dorotheus Ludwig Christoph Fh. von Keller aus dem Gothaischen.
Franz Joseph Krauss aus Strasburg
Leypold (Johannes) aus Strasb.
Lenz (Jacob Michael Reinhold aus Dörpt in Liefland).

Phil. Jacob Lobstein aus Strassburg.
J. M. Majer von Strasburg.
Christian Friedrich Michaelis aus Gœttingen.
Mantz jacob anton.
Matthieu aus Strasbourg.
Philipp Jacob Müller Prof.
M. Müller.
Ludwig Willh. Otto gebürtig von Kork.
Joh. Mich. Ott aus Strasburg.
L. F. Ramond aus Strasburg.
J. G. Röderer aus Strasburg.
Louis v. Schlemmer geboren in Mannheim.
Fridrich Rudolf Salzmann aus Strasb.
Johann Philipp Schönfeld aus Strasb. Kappelmeister.
Christian Sigismund Spener aus Berlin
Johannes von Türkheim von Strassburg.
O. Westmann aus Schweden.
Heinrich Leopold Wagner aus Strassburg.

Hätte Stöber dies Verzeichnis gehabt, so würde er wohl kaum (s. Aktuar S. S. 32) die vielseitige Thätigkeit des Lizentiaten Friedrich Rudolf Salzmann mit derjenigen seines älteren Vetters, des Aktuarius Joh. Daniel Salzmann (geb. 24/3 1722 St. Thomas), verwechselt haben. In das Mitgliederverzeichnis des Vereins hat sich der Aktuar nicht eingetragen. Dass er demselben beigewohnt hat, beweist die Notiz bei Lenz (Schr. II 330) dass sich diejenigen bei ihm melden konnten, welche an der Ausarbeitung eines Vortrages verhindert gewesen waren. Wahrscheinlich hat er bis zur Abreise Lenzens das Zimmer für die Sitzungen hergegeben. Am 8. August 1776 las der mit dem Aktuar besonders befreundete Michaelis aus Göttingen dessen Abhandlung «von der Glückseligkeit in bürgerlichen Gesellschaften» vor. In allen diesen Fällen ist aber dem Namen Salzmann ausdrücklich der Titel Aktuarius vorangesetzt, ein Beweis, dass unter dem «Herrn» Salzmann des Protokolls, der wie die meisten übrigen Mitglieder der Gesellschaft jedes Titels entbehrt, das Mitglied Friedr. Rud. Salzmann gemeint ist.

Schon Prof. Matter hat in seinem Aufsatz, « M. de Saint-Martin, Madame de Boecklin, les deux Saltzmann, Gœthe», in der Revue d'Alsace 1860 p. 520 ff., über die allgemein übliche Verwechselung der beiden Salzmann nachdrücklich Klage geführt:

« Il ne se conçoit pas deux hommes plus divers que les deux cousins Saltzmann, morts, l'un, l'ami de Gœthe, en 1812, l'autre, l'ami de Saint-Martin, en 1821. Il ne se conçoit pas non plus de vie plus agitée que celle de l'un, du conseiller de légation, qui fut journaliste sous Louis XVI, la République, la Terreur, le Directoire, le Consulat et l'Empire, ni de vie plus calme que celle de l'autre, de celui qui ne fut Actuarius que pendant un an. Et pourtant, c'est précisément le dernier des deux, celui qui ne fut rien, si ce n'est un homme de goût et un homme de bien, qui est devenu un personnage célèbre, et est assuré, comme ami de Gœthe, de vivre à tout jamais dans l'histoire des lettres; car il figurera à perpétuité dans toutes les biographies de l'incomparable poète, tandis que l'auteur, l'auteur de quinze volumes imprimés et d'autant de volumes manuscrits, n'est connu que dans le cercle très-restreint des plus pieux et plus mystiques théosophes. Ce n'est pas tout, son cousin n'ayant jamais mis son nom dans aucun de ses livres, l'heureux Actuarius, en véritable vache maigre, menace d'avaler la vache grasse, le conseiller de légation, auteur de tant de volumes, au point de ne plus en laisser trace. En effet, ces deux hommes si divers, non seulement on les confond l'un avec l'autre, en faisant des deux un seul et même individu, mais on absorbe l'un dans l'autre; et ce n'est pas la vague tradition, ni l'ignorante insouciance, c'est l'histoire, c'est la biographie qui fait cette erreur.»

Nun, irren ist menschlich! Selbst Prof. Matter, der doch im Besitz des Mitgliederverzeichnisses der Deutschen Gesellschaft gewesen, hat die Konfusion, die sich Aug. Stöber bei der Herausgabe des Protokolls und in der Biographie des Aktuarius Salzmann mit den beiden Vettern gestattete, nicht wahrgenommen. Auch Erich Schmidt, der uns in seinem Heinrich Leopold Wagner II. Auflage Anm. 16 auf den interessanten Bericht aus Zoëga's Leben, herausg. von Fr. Gottl. Welcker I 145 verweist, hat das zu seinen Füssen liegende Goldkorn nicht bemerkt. Denn gerade jener Bericht des Altertumsforschers Zoëga, welcher der Sitzung der Deutschen Gesellschaft vom 18. April 1776 (siehe unten) beigewohnt hat, liefert den schlagenden Beweis, dass unter dem «Herrn Salzmann» des Protokolls nur Friedrich Rudolf Salzmann und nicht der Aktuarius Johann Daniel Salzmann gemeint ist.

Im April 1776 war Zoëga auf seiner Reise nach Italien in Strassburg angekommen (s. Leben I S. 29). Bei Gelegenheit einer Besprechung der, 1778 erschienenen «Wanderschaft»

Jung-Stillings schreibt derselbe an seinen Freund Esmarch d. 30. Nov. 1778:

«Unter den Strassburgischen Personen ist nur eine einzige, die ich Dir genannt haben kann, und der Actuarius Salzmann, ein liebenswürdiger Mann, und das ist ungefähr alles, was ich von ihm weiss. Er hatte einige Jahre als Hofmeister bey dem Herrn Baron Stein in Göttingen gelebt, und ich war von Hrn. Meiners an ihn adressirt. Durch ihn ward ich auch in die Gesellschaft der schönen Wissenschaften eingeführt, deren im Stilling gedacht wird, und die damals in dem Hause eines Hrn. von Türkheim zusammen kam. Unter den Vorlesungen, die ich da hörte, gefiel mir vorzüglich eine über den Gebrauch der Logik von Mag. Blessig, den ich in Göttingen gekannt hatte, und der vielleicht ein Sohn seyn mag von dem Rathsherrn Blesig, der im Stilling genannt wird. Salzmann las eine Uebersetzung eines Stücks aus dem Vicar of Wakefield vor, die mir nicht recht schmecken wollte. Sein Vater ist Lutherischer Geistlicher in Strassburg und auch ein liebenswürdiger Mann.»

In diesem authentischen Berichte wird zugleich mit der Konfusion die Lösung gegeben. Nicht der Aktuar, sondern Friedrich Rudolf Salzmann war 1774 Erzieher des Freiherrn von Stein (s. Alsatia 1862-1867 S. 164) in Göttingen gewesen. Nicht des Aktuarius, sondern Friedrich Rudolf Salzmanns Vater war Prediger an der Neuen Kirche in Strassburg (a. a. O. S. 162) und wie ich aus den Kirchenbüchern ersehe, noch im J. 1788 im Amte, während der Aktuar schon im achten Lebensjahre verwaist war. Am 21/3 1728 starb des letzteren Mutter Anna Barbara, geb. Miville (St-Thomas), und am 18/12 1729 sein Vater Joh. Salzmann «Handelsmann und E. E. grosen Raths wohlmeritirter Beisitzer» (St-Thomas) oder, wie er im Sterbeakt seines älteren Sohnes Johann vom 17/1 1786 (Neue K.) genannt wird «Banquier Salzmann». Dieser auch von Hufeland, siehe Der Akt. Salzmann S. 101, gekannte ältere Sohn, geb. 1719, war «Juris Consult und bei Ihro Hochfürstl. Durchlaucht von Leiningen-Dachsburg wirklicher Hofrath.» Den Sterbeakt haben unterschrieben: Der Aktuar Joh. Daniel Salzmann als Bruder, Prof. Jer. Jac. Oberlin als Neffe, Joh. Rudolf Salzmann diaconus.»

Zoëga ist also bei seinem Strassburger Aufenthalt mit dem Aktuarius Salzmann nicht bekannt geworden. Den Namen

«Aktuarius» in obigem Briefe entlehnt er offenbar dem Bericht Jung-Stillings, der denselben an folgender einzigen Stelle erwähnt:

«Noch ein vortrefflicher Strassburger sass da zu Tische. Sein Platz war der oberste, und wäre es auch hinter der Thüre gewesen. Seine Bescheidenheit erlaubt nicht, ihm eine Lobrede zu halten: es war der Herr Aktuarius Salzmann. Meine Leser mögen sich den gründlichsten und empfindsamsten Philosophen, mit dem ächtesten Christenthum verpaart, denken, so denken sie sich einen Salzmann. Goethe und er waren Herzensfreunde.»

Man sieht: der Mangel jeder Angabe eines Altersunterschiedes zwischen dem Aktuar und Goethe in dem Berichte Jung-Stillings hat Zoëga dazu gebracht, in Friedrich Rudolf Salzmann, an den er von Prof. Meiners in Göttingen empfohlen war, fälschlicherweise den von Jung-Stilling genannten Aktuarius zu erkennen. Dass aber Zoëga in der Deutschen Gesellschaft weder den Aktuarius gesehen, noch auch von Friedrich Rudolf Salzmann oder irgend einem anderen Mitgliede über ihn hat sprechen hören, beweist aufs neue, wenn es überhaupt noch nötig wäre, dass der Aktuarius Salzmann mit der von Lenz begründeten Deutschen Gesellschaft in Strassburg so gut wie nichts zu thun gehabt hat.

Friedr. Rud. Salzmann also ist es gewesen, der im Einverständnis mit Lenz «mit der ihm eigenen vorzüglichen Bücherkenntnis» — war er doch später Besitzer der akademischen Buchhandlung und eines politischen Lese-Instituts (Alsatia 1862—1867 S. 164) in Strassburg — die Vereinsbibliothek begründete, der nach Lenzens Abreise vom 28/3 1776 an auf allgemeinen Beschluss die Leitung des Vereins in die Hand nahm und wie früher Lenz seit seiner Ernennung durch nicht weniger als sechs Vorträge die wesentlichen Kosten der Unterhaltung zu tragen suchte.

Nicht also dem Aktuarius Salzmann, der damals schon müde (s. Stöber S. 19), dem neuen Fluge der deutschen Jugend nicht mehr zu folgen vermochte, sondern Friedr. Rudolf Salzmann, dem Erzieher des nachmals berühmten Freiherrn von Stein, dem von seiner ehrenvollen Mission aus Göttingen heimgekehrten jungen Strassburger Gelehrten, welcher sich durch geschichtliche Vorträge Eingang in die Universität zu verschaffen suchte, aber an dem Cliquenwesen derselben scheiterte, dem in deutscher Litteratur wohl bewanderten Manne, den später die

ganze Verfolgungswut der Konventskommissare St. Just und
Lebas traf, sind die unter dem Namen Salzmann im Protokoll
genannten und im «Bürgerfreund» veröffentlichten Gedichte und
Prosa-Abhandlungen zuzuerkennen.

Nicht also der Aktuar Salzmann, dessen Alter solche Rück-
sichtslosigkeit gegen die ihm wohlbekannte Familie Fibich auch
schwerlich zuzutrauen wäre, sondern Friedrich Rudolf Salzmann,
hat unter dem Titel «Fragmente zur Strassburger Kinderzucht»
den Strassburgern einen Auszug aus den soeben erschienenen
«Soldaten» seines Freundes Lenz gegeben, wofür ihm Cleophes
Bruder, der nachmalige Sekretär des Jakobinerklubs und Sicher-
heitsausschusses in Strassburg, kein gutes Andenken bewahrt
haben wird. Von Friedrich Rudolf Salzmann ist die Prosa-
übersetzung der Romanze aus dem Landprediger von Wakefield,
die Uebersetzung aus dem Französischen des Kardinals von
Bernis « Gedanken über das Vergnügen auf dem Lande », der
Vortrag « ob es rathsam sey in eine Sprache fremde Wörter
aufzunehmen», das Klag-Idyll auf Lucas Tod und die Geschichte
der Leberthalischen Bergwerke; hatte doch Friedrich Rudolf
Salzmann, ehe sein Vater als Prediger an die Neue Kirche zu
Strassburg berufen worden war, einen Teil seiner Jugend zu
Markirch im Leberthal verbracht.

Die in den Salzmannschen Vorträgen vorkommende Er-
wähnung des Prof. Feder in Göttingen, «dessen Charakter so
verehrungswürdig als seine Einsichten in die Philosophie tief
seien» (Bürgerfreund 1776, S. 479), des Prof. Claproth eben-
daselbst (Bgfd. S. 783) und die Nachricht (Bgfd. 1777 S. 68),
dass der Verfasser die harzischen Gruben befahren habe, hätten
schon früher auf eine andere Person als den Aktuar Salzmann,
nämlich auf einen mit den jüngsten Göttinger Verhältnissen
und der Göttinger Umgebung Vertrauten schliessen lassen
dürfen, was bei Friedrich Rudolf Salzmann genau zutrifft.

Ueber die einzelnen Mitglieder der Deutschen Gesellschaft
zu Strassburg habe ich, unter besonderer Berücksichtigung der
weniger Bekannten, folgende biographische Notizen gesammelt :

1. Joseph Armbruster ex urbe Wolfachio furstenbergensis.
Matr. Gen. 1772 16/11. Matr. Med. 13/2 1776 (Univers.-Sekret.)
2. Johann Lorenz Blessig, geb. 15/4 1747 in Strassburg,
Lehrer am Gymnasium, 1786 ord. Professor der Philosophie an der
Strassburger Universität, gefeierter Kanzelredner, in der Revo-

lution verhaftet und erst durch den Sturz Robespierres befreit, gest. 17/2 1816, sein Denkmal in der Neuen Kirche. Vgl. K. M. Fritz, Leben Blessigs Strassb. 1818, A. Stöber, Röderer 1874. In seinem Antrittsprogramm 1786 9/11 : Inde (Herbst 1774) per Coloniam et Francofurtum, ubi Gœthe praecipue Basedoviumque colui, remeavi ad Georgiam Augustam.

3. Joh. Siegfried Breu. Ob derselbe, welcher 7/5 1778 als Jurist promovierte?

4. Joh. Friedrich Corvinus, geb. 17/1 1751 (N. K.), 7|4 1768 Matr. Philos.: 7/4 1777 Matr. Medic., vgl. Stöber, Röderer S. 138.

5. Joh. Nicolaus Dietrich 19/7 1763 Matr. Philos., promovierte als Jurist 4/12 1773.

6. Joh. Ehrmann, geb. 8/5 1751, Sohn des aus Westhofen gebürtigen und 29/9 1778 in Strassburg gestorbenen (s. H. Düntzer, Christoph Kaufmann, der Apostel der Geniezeit S. 138, vgl. Sterberegister d. N. K. Bd. 189 Fol. 26 a) Handelsmanns Johann Ehrmann, der unzertrennliche Freund und Anhänger Christoph Kaufmanns, Lehrer am Badesowschen Philantropin, später 1777 nach Strassburg zurückgekehrt und 4/4 1786 als Vicarius am Strassburger Gymnasium angestellt, s. Catalogus der Universität und des Kirchen-Konvents zu Strassburg (Bibl. des Thomasstifts).

7. Friedrich Phil. Eisenberg Treptowiensis in Pommerania ulteriori, Matr. Gen. 13/12 1775, studierte Jura 18/12 1775 Matr. Jur.

8. Joh. Mich. Fries, geb. 21/3 1754 (St-Nikolaus), 29/9 1767 Matr. Gen., 11/12 1772 Matr. Theol., seit 1777 Lehrer des lat. Stils, der Logik und Rhetorik, 1778 der Religion und des Griechischen an den Oberklassen des Strassburger Gymnasiums und 1782 zweiter französischer Prediger (s. Strobel, Histoire d. Gymnase p. 155; Memoriale ill. Coll. Schol. 1751—1781, Thomasarchiv), in der Revolution verhaftet, durch den Sturz Robespierres befreit (Strobel p. 76).

9. Phil. Jakob Greiner, geb. 11/6 1752 (St. Nikolaus), 29/9 1767 Matr. Gen., promovierte als Jurist 4/12 1775.

10. Isaak Haffner, geb. 2/12 1751 (N. K.), 30/9 1766 Matr. Gen., 11/12 1772 Matr. Theol.; mit Gœthe befreundet (s. Göthes Briefe, Weimarer Ausgabe N. 96, R. Zœppritz, Aus F. H. Jacobi's Nachlass II, 317), 1780 Pädagog am St. Wilhelms-Stift, 1788 ord. Prof. d. Theologie an der Strassb. Universität,

feingebildeter Gelehrter von Ruf, 1793 mit Blessig verhaftet, Nov.
1794 befreit, gest. 27/5 1831, sein Denkmal in der Nikolaus-
kirche, wo er seit 1795 gepredigt; A. Stöber, Röderer S. 132 ff.

11. Dorotheus Ludovicus Christophorus L[iber] B[aro] de
Keller Thuringius, 8/11 1775 Matr. Seren. et Illustr. (Thomas-
archiv).

12. Franz Joseph Krauss, 29/9 1767 Matr. Gen., bestand
die jur. Prüfung 10/12 1774.

13. Joh. Leypold, geb. 30/4 1730, studierte mit besonderem
Erfolge Philosophie und Theologie, wurde 1760 durch seinen
Gönner Schöpflin in den Stand gesetzt, Italien, die Schweiz
und Holland zu bereisen, 1761 Lehrer am Strassb. Gymnasium,
seit 1777 Ordinarius der Prima. Das Schulprogramm vom
1/10 1792 (Universitätsbibl.) widmet dem am 16/8 desselben
Jahres Verstorbenen unter der Ueberschrift « Multis ille bonis
flebilis occidit .... Horat.» einen warmen, übrigens auch für
die Zeitgeschichte interessanten Nachruf in deutscher Sprache
(die Programme des Protest. Gymnasiums sind bis 1789 lateinisch, 1790—1793 im Freiheitsdrange, dem aber bald ein
Dämpfer aufgesetzt wurde, deutsch, 1795—1870 französisch
abgefasst):

« Zur Erklärung der lateinischen Dichter machte ihn sein
poetisches Genie besonders geschickt, wovon er bey mehreren
Anlässen sowohl in deutscher als lateinischer Sprache schöne
Proben ablegte. Sonst lehrte er noch den lateinischen und
deutschen Styl, die Geschichte und die ersten Anfangsgründe
der Messkunst (s. Weinhold, Dram. Nachl. v. Lenz S. 214 ff.,
wo er als Mathematiker dramatisiert ist). Er ging bei seinem
Unterricht rasch und feurig zu Werke, und konnte er seinen
Lehrlingen die Kenntnisse nicht eingiessen, so war es sein
Fehler nicht. Offenes Betragen und aufrichtige Liebe zu seinen
Schülern ist ein Hauptzug seines Charakters. Seine ausgebreitete
Gelehrsamkeit konnte jeder, auch ausser den Lehrstunden,
benützen, wenn er nur wollte. Seine Büchersammlung stund
jedem zu Diensten. Er war der Vater seiner Schüler, und der
Rathgeber junger Studierender, oft auch derer, die schon zur
gelehrten Klasse gehörten. Eine wichtige Ermahnung gab er
oft solchen, welche sich zu früh weise dünkten und hoch fliegen
wollten, ehe ihnen die Fittige gewachsen waren. Liebe Leute,
sagte er, lernet vor. Möchten sich dieses doch diejenigen
unserer lieben Schüler gesagt seyn lassen, welche anjetzo, da

wir für die Erhaltung unserer schätzbaren Freyheit mit so vielen innerlichen und äusserlichen Feinden zu kämpfen haben, sich herausnehmen mit Unkunde und Lieblosigkeit die Gesinnungen und Handlungen solcher Männer, die in öffentlichen Aemtern stehen, zu richten.»

Von Leypolds originellem Wesen wurden noch in der Mitte dieses Jahrhunderts die drolligsten Anekdoten in Strassburg erzählt (s. Stöber, Salzmann S. 30). Seinen Feuereifer beim Unterricht, seine schulmeisterlichen Flüche, sowie sein Podagra hat Lenz in seinem Entwurf zum «Tugendhaften Taugenichts» getreu copiert. Leypold starb unvermählt und hatte seinen Mittagstisch bei den Jungfern Lauth (S. 66).

14. Lenz hat sich in die Strassburger Matrikeln zweimal eigenhändig eingetragen 1) Matr. Gen. 1774 3/9 Jacobus Michael Reinhold Lenz, Dorpato-Livonus bey Hr. Kress, Metzger im Finkweiler 2) Matr. Theol. von demselben Tage. In obigem Protokoll steht die Form Dörpt für Dorpat.

15. Phil. Jakob Lobstein, geb. 1/5 1751 (N. K.), 11/4 1765 Matr. Phil., auch Theologe, Lehrer an den Oberklassen des Strassburger Gymnasiums, kam 1775 nach Giessen; s. Memoriale 9/6 1775, vgl. Stöber. Röderer, S. 158.

16. J. M. Majer, 22/12 1775 Matr. Gen., 23/12 1775 Matr. Jur.

17. Christian Friedrich Michaelis Geottingensis Med. 23/10 1775 Matr. Gen., Sohn des bekannten Göttinger Theologen, hatte in Strassburg einen ausgedehnten Bekanntenkreis; 3 Briefe von ihm an Aktuar Salzmann bei Stöber, Salzmann S. 86 ff., gest. 1814 an den Folgen seines ärztlichen Berufes in den Militärspitälern.

18. Jacob Anton Mantz?

19. Matthieu aus Strassburg. Die Auslassung des Vornamens lässt zweifelhaft, welcher von den Söhnen des Dreizehners und Syndikus der Unter-elsässischen Ritterschaft Peter Franz Matthieu gemeint sei. Der genannteste derselben ist der 4/1 1755 zu Strassburg (St. Stephan) geborene Franz Jakob Anton, der als Sekretär Talleyrands nach dem Frieden von Luneville den später zur Durchführung gelangten Entwurf behufs Entschädigung der deutschen Fürsten ausarbeitete. In der Nationalversammlung hatte er mit Prof. Koch und seinem Freunde Ramond unentwegt für die konstitutionelle Monarchie gestimmt. Sein Bruder Johann Michel promovierte als Jurist

13/2 1775 und wurde Rat am Colmarer Gerichtshofe (Biogr. univ.). Wahrscheinlich ist der letztere gemeint, da Ramonds Widmung seines Dramas La Guerre d'Alsace à J*** M*** auf diesen seinen Freund bezogen werden kann, s. Heymach, Ramond de Carbonnières, Waldecker Programm 1887 S. 5.

20. **Philipp Jacob Müller**, geb. 20/3 1732 (N. K.), Lehrer am Strassb. Gymnasium, 1771 Prof. der Logik und Metaphysik an der Strassb. Universität, 1778 Prof. der Theologie, 1782 Canon. Thom., 1783 Inspektor Coll. Wilh., 1784 Doktor der Theologie, gest. 1795. Ein Brief von ihm an Bodmer in Zürich s. Crueger Strassb. Studien II 484.

21. **Magister Friedrich Wilhelm Müller**, geb. 7/9 1733 (N. K.) Bruder des Vorigen (Memoriale Fol. 127), Lehrer an den Unterklassen, seit 1778 Lehrer des Latein, der Logik und der Rhetorik an den Oberklassen des Strassb. Gymnas., trat 1760 mit einem Lehrgedicht «Milon und Theron» auf (s. Gœdeke, Grundriss II S. 648).

22. **Ludwig Wilhelm Ott**, geb. 7/8 1754 zu Kork bei Kehl, Sohn des hanau-lichtenb. Regierungsrats und Amtmanns von Wilstett und Lichtenau Justus Jakob Ott. Sein Taufpathe Erbprinz Ludwig X von Hessen-Darmstadt (geb. 1753). Er studierte in Strassb. 28/3 1769 Matr. Gen., bestand das jur. Examen 15/1 1777, gelangte auf Pfeffels Empfehlung in die diplomatische Laufbahn. Zuerst Sekretär der franz. Gesandtschaft in München, 1779-1792 Geschäftsträger in Philadelphia, 1799 in Berlin, 1800 Gesandter in London, wo er, unter dem Jubel der Bevölkerung eingeholt, den Präliminarfrieden von Amiens schloss. Napoleon, der grosse Stücke auf ihn hielt, erhob ihn zum Grafen Mosloy und ernannte ihn zum Gesandten in Wien und Berlin (Biogr. univ.); gest. 9/11 1817.

23. **Joh. Michael Ott**, geb. 11/1 1752 (N. K.), als ältester Sohn des gleichnamigen franz. Predigers und Lehrers der französischen Sprache und Math. am Strassb. Gymn., intimer Freund des Dichters Lenz, promov. als Jurist 27/7 1775, wurde im diplomatischen Dienst nach Wien empfohlen (sein Brief von dort an Salzmann bei Stöber S. 102 ff.), 1782 Secrétaire interprète des Auswärtigen Ministeriums in Petersburg; seine Nachkommen leben noch heute in Russland.

24. **Ludwig Franz Elisabeth Ramond**, geb. 4/1 1755 (St-Ludwig), Sohn des Kgl. Kriegszahlmeisters Bernh. Ramond von Neu-Breisach und der Strassburgerin Ludovika Eisentraut.

Die Vornamen führt er von seinen Taufpaten, dem Prinzen und der Prinzessin Conti. Intimer Freund von Lenz, seine jur. Promotion cum applausu splendidissimi auditorii 30/1 1777. Als Dichter in engstem Anschluss an Shakespeare, Gœthe und Lenz. Die Widmung seines Romans « Les dernières Aventures du jeune Olban », Yverdun 1777, « à Monsieur Lenz ». In der Revolutionszeit verfolgt; später durch zahlreiche Werke, die aus seiner Naturschwärmerei (die «gelehrte Gemse» genannt) erwuchsen, Begründer der geologischen Wissenschaft in Frankreich, als Ramond de Carbonnières in den Grafenstand erhoben, gest. 1827 als Staatsrat, s. Biogr. univ., Erich Schmidt, H. L.. Wagner 1879 S. 118, Heymach, Waldecker Programm 1887.

25. Johann Gottfried Röderer, Lenzens edelster Freund, geb. 27/3 1749 (N. K.), studierte Philosophie und Theologie in Strassburg (Matr. Gen. 1/4 1766) und Göttingen (14/10 1776), mit Gœthe, Stolberg, Maler Müller, Schlosser, Lavater, Pfenninger, bekannt (s. Gœthes Briefe Nr. 96, 180), 1777 Lehrer am Strassb. Gymnas., auf Lavaters Empfehlung 1778 Proreklor und Bibliothekar in Detmold, 1783 durch eine Herzensneigung ins Elsass zurückgerufen, seitdem als Landpfarrer an verschiedenen kleinen Orten des Unter-Elsass verkümmert, wegen seiner Gesinnung in der Revolution mit Verhaftung bedroht, flüchtig, nach Robespierres Sturz zurückgekehrt, wiederum Pfarrer und Friedensrichter und Privatlehrer, gest. 30/1 1815 nach dreimaliger, mit Kindern gesegneter Ehe, hochgeachtet in Strassburg. Von seinem vortrefflichen Charakter, der sich auf seine Enkelinnen vererbte, legen die Briefe seiner Freunde beredtes Zeugnis ab, s. A. Stöber, Röderer und seine Freunde 1874.

26. Louis v. Schlemmer, geboren in Mannheim?

27. Friedrich Rudolf Salzmann, geb. 9/3 1749 studierte Theologie und Jurisprudenz, promovierte als Jurist 26/4 1773, 1774 Erzieher des nachmaligen Ministers von Stein, 1775 heimgekehrt, erhielt durch Verwendung der Familie Stein vom Meininger Hofe die Erhebung in den Adelsstand und den Titel eines Geheimen Legationsrats, erwarb später die akademische Buchhandlung in Strassburg, mit welcher eine Druckerei (die heutige Fischbach'sche) und die Herausgabe der Strassb. Zeitung verbunden war. Ueber seine Verfolgung in der Revolutionszeit s. die biogr. Notiz von Prof. Matter Alsatia 1862-1867 S. 163 ff., wo auch seine zahlreichen philosophischen und theosophischen Schriften angeführt sind. Gest. 1821.

28. Joh. Philipp Schönfeld aus Strassb., Vice-Kapellmeister bei der Neuen Kirche (Bürgerfr. 1777, 526 ff.), ein beliebter Komponist und launiger Knüttelversmacher (Stöber, Aktuar Salzmann S. 31). Der Erbprinz Karl August v. Meiningen, der ihn 1775 als Hofmeister bei Herrn von Münchhausen auf dem Thomasplatz kennen lernte, rühmt seinen Gesangsvortrag, sein Klavierspiel und seine Kompositionen. Von ihm erschienen « Lieder aus der Iris, zum Singen beym Klavier in Musik gesetzt 1778 » s. Iris VIII, S. 962.

29. Christian Sigismund Spener aus Berlin? Wahrscheinlich ein Mitglied der bekannten Buchhändlerfamilie.

30. Johannes von Türckheim, geb. 10/11 1749 (N. K.), Sohn des gleichnamigen Banquiers, Schwager von Gœthes Lilli, die 1778 seinen jüngeren Bruder Bernhard Friedrich heiratete, Jurist, 1784 Ammeister von Strassburg, 1789 Deputierter Strassburgs in der Nationalversammlung, emigrierte 1790 ins Badische, später im hessen-darmst. Dienst, gest. 28/1 1824 auf seinem Gut Altdorf in Baden, Verfasser einer Histoire de la maison de Hesse in 2 Bänden.

31. Olaus Westmann Gothoburgo-Suecus, Philosophiae Magister Upsaliensis Matr. Gen. 12/9 1775.

32. Heinrich Leopold Wagner, geb. 19/2 1747 in Strassb., gest. 4/3 1779 als Advokat in Frankfurt a. M., gehört wie Lenz als Dichter der Sturm- und Drangperiode der Litteraturgeschichte an, s. Erich Schmidt, H. L. Wagner 2. Aufl. 1879.

Unter den 28 Mitgliedern, deren Berufsrichtung aus den Matrikeln erhellt, stellt das stärkste Kontingent die Rechtswissenschaft mit 13 Mitgliedern, ein Beweis, dass die zahlreichen Rechtsbeflissenen, wie einst Gœthe selbst, infolge der wenig gründlichen, geschweige quellenmässigen, Behandlung ihres Studiums an der Strassburger Universität (s. Gœthes, Dichtung u. Wahrheit B. 9) Zeit und Bedürfnis zu anderweitiger Ausbildung zur Genüge hatten. « Von Lizentiaten, die sich von Repetenten zu einer juristischen Disputation haben präparieren lassen, wimmelte die Stadt » (s. Reiseerinnerungen H. Sanders aus dem J. 1776, Strassb. Post 1886, Nr. 228).

Diese 13 Juristen werden aber an Geschlossenheit durch 8 Lehrer des Strassburger Gymnasiums überboten, zu denen ein aus diesem Kreise hervorgegangener Professor der Universität und nach ihrer ganzen Studienrichtung auch zwei Fremde, Lenz aus Dorpat und Magister Westmann aus Gothenburg, hinzutreten.

Das 1538 gegründete Strassburger Gymnasium, heutzutage seinem ursprünglichen Charakter gemäss das Protestantische genannt, die Stiftung des Stättmeisters Jakob Sturm, welche in diesem Jahr den 350jährigen Gedächtnistag ihres Bestehens feiert, hat bekanntlich die von Kaiser Maximilian II. 1566 zur Akademie und von Kaiser Ferdinand II. 1621 zur Universität erhobene Gelehrtenanstalt aus ihrem Schosse hervorgehen sehen. Die Mittel zur Erhaltung des Gymnasiums gewährt das sogenannte Thomasstift, dessen Grundvermögen in den zur Reformationszeit städtischer Seits eingezogenen und durch den Augsburger Religionsfrieden in den Händen der Protestanten belassenen katholischen Kirchengütern besteht. Die Lehrer des Gymnasiums waren dem Charakter der Stiftung gemäss Theologen und neben ihrer Lehrthätigkeit auch in den verschiedenen Pfarreien als Hülfsprediger angestellt. Kam es doch beständig vor, dass bei eintretender Vakanz ein Lehrer des Gymnasiums ganz ins Pfarramt übertrat oder ein Pfarrer für immer als Lehrer ans Gymnasium berufen wurde. Aus dem Gymnasiallehreramte konnte man sich, wenn dem Fleisse die nötigen Familienverbindungen zu Hülfe kamen, zu einer Universitätsprofessur emporarbeiten: diesen Weg haben J. J. Oberlin, Müller, Blessig, Haffner und andere gemacht. Einem Fremden aber gelang es bei jener patriarchalischen Geschlossenheit der ganzen Einrichtung nur selten, an dem Gymnasium oder der Universität angestellt zu werden.

Das Strassburger Gymnasium hat, wie das Buchsweiler Gymnasium, selbst unter französischer Herrschaft einen gewissen deutschen Charakter gewahrt. Nach dem Programm von 1795 6/4 wurde der französische Sprachunterricht erst im 70. Jahre der Annexion an Frankreich, nämlich 1751, an demselben eingeführt, was durch die noch vorhandenen (Universitätsbibl.) Programme vor und nach diesem Jahre bestätigt wird. Das Strassburger Gymnasium stellte zu der von Lenz neugegründeten Deutschen Gesellschaft die Mehrzahl wirklich thätiger Mitglieder; daher denn wegen solcher Hinneigung zum Deutschtum, die doch bei Haffner noch zweifelhaft war, die spätere Verfolgung in der Schreckenszeit erklärlich wird.

Mit den Mitgliedern des Gymnasiums blieb Lenz auch später noch in beständigem Zusammenhang. Hofrat Schlosser, Goethes Schwager, bezieht von dort aus an Büchern und Aufschlüssen diejenige geistige Nahrung, welche ihm in dem einsamen Emmendingen gänzlich mangelt. Er erscheint häufig in jenem

Kreise zu Strassburg, bittet wiederholt von Emmendingen aus seinen Freund Röderer ihm «dem ganzen Collegio» zu empfehlen und ladet die Herren zum Besuche bei sich ein (s. die Briefe Schlossers an Röderer bei A. Stöber, Röderer). Dazu kam die gemeinsame Bekanntschaft mit Pfeffel in Colmar, Iselin und Sarasin in Basel und Lavater nebst seinem theologischen Anhang in Zürich, so dass trotz der in jener Zeit hinderlicheren Verkehrsmittel zwischen Strassburg, Emmendingen, Colmar, Basel und Zürich ein beständiges Gehen und Kommen, Besuchen und Besuchtwerden stattfand, das zu einem besonders fruchtbaren Gedankenaustausch führte. Die zusammengehörigen, weil eingerändeten, Namen im Inneren der Münsterpyramide

G & F COMITES DE STOLBERG
GOETHE. SCHLOSSER. KAUF-
MANN. ZIEGLER. LENZ.
WAGNER. V. LINDAV. HERDER.
LAVATER. PFENNINGER.
HAFFELIN. BLESSIG. STOLZ.
TOBLER. RŒDERER. BAS-
SAVANT. KAISER. EHRMANN.
M. M. ENGEL 1776.

sind ein bleibendes Denkmal geistiger Vereinigung aller in den siebenziger Jahren in Strassburg erschienenen bedeutenderen Genossen des Strassburger litterarischen Kreises.

Auf den sechs letzten Blättern der Handschrift folgt :

Das Protokoll.

Den 2ten November des Jahres 1775 ist unter göttlichem Beistande der Anfang zu der Eröffnung einer Gesellschaft deutscher Sprache in dem Hause des Herrn Aktuarius Salzmann, gegenüber dem Rathause,[1] Nachmittags um 3 Uhr gemacht worden.

Bey dieser Gelegenheit hat Herr Lenz als Sekretär dieser Gesellschaft eine Anrede über die Vorteile einer Verbindung dieser Art, zu einer hoffentlich zu erwartenden allgemeinen

---

[1] Salzmann starb 20/8 1812 in der Langstrasse (die Hausnummer fehlt im Sterbeakt) mithin wahrscheinlich am Anfang, da das damalige Rathaus auf dem Gutenbergsplatz mit seinem nördlichen Anbau bis zur Langstrasse reichte.

deutschen Sprache¹ gehalten und darin zu zeigen gesucht, wie sehr eine Provinz von ihren Rechten vergebe, wenn sie die Ausbildung des sogenannten Hochdeutsch, einer einzigen Provinz od. einem einzigen Kreise Deutschlands überliesse. Herr Otto hat, weil er von der neuen Verabredung der Gesellschaft künftig keine andre als deutsche Aufsätze vorzulesen noch nichts gewusst, eine franz. Abhandl. üb. die Unvollkommenheit der Criminalgesetze vorgelesen, die er aber nächstens deutsch fortsetzen wird. Diese Schrift interessirte die Gesellschaft um so viel mehr, als einige ganz frische Beyspiele in diesen Gegenden dem warmen und geniereichen Ausdruck des Verfassers mehr Gewicht zu geben scheinen.

Den 9ten November als den darauf folgenden Donnerstag las Herr Lenz einen zweyten Vorschlag zu einer nähern Verabredung vor, worin er hauptsächlich die Vorzüge der deutschen vor der französ. Sprache in wissenschftl. Aufsätzen² zu zeigen beflissen war, und solche durch angezogene Beyspiele aus den besten franz. Philosophen zu beweisen suchte.

Hierauf wurde der Anfang gemacht, die Namen der mehresten an der Spitze dieses Buches befindlichen Mitglieder unserer Gesellsch. zu sammeln und in Ansehung der Ordnung und des Inhalts sowohl als der Form der künftigen Vorlesungen die gehörigen Veranstaltungen zu treffen.

Den 16ten Nov. hatten wir das Glück einen noch zahlreichern Zuspruch als vorher zu erhalten und durch die Einzeichnung verschiedener sowohl an Rang als Einsichten schätzbaren Personen, einen wichtigen Zuwachs zu bekommen. Herr Breu lass heut in der auf ihn treffenden alphabetischen Ordnung eine Schrift vor: Moralische Empfindungen betitelt, die dem Herzen des Verfassers sowie seinem Verstande gleiche Ehre machten, und deren Vollendung um das Ganze des Gemähldes besser zu übersehen, er uns nächstens versprochen hat. Herr Salzmann lass einen Vorschlag zu einer Bibliothek der Gesellschaft mit der ihm eigenen vorzüglichen Bücherkenntniss, zu welcher denn auch die Seite — angezeigten Herrn jeder den Beitrag von 3 Livres entrichteten. Es wurde ausgemacht, dass der Sekretär jedesmal eine Anrede halten und darinn von dem Fortgange der Gesellsch. Nachricht geben sollte.

---

¹ Gesammelte Schriften von Lenz II 318-325.
² Ges. Schr. II. 326-330.

Den 23ten Nov. las Herr Haffner eine anonyme Gegenvorstellung gegen die Anschaffung solcher Bücher, die blos auf die Ausbildung der Sprache abzweckten. Weil derjenige den die Ordnung traf nichts hatte bringen können, las Herr Lenz eine Nachahmung der Captiveï des Plautus[1] vor, die er aber weil sie schon verkauft war, für diesmal nicht bey der Gesellschaft lassen konnte.

Den 30ten Nov. las Herr Magister Blessig üb. die Gesch. der philos. Kunstsprache bey den Griechen, eine mit so viel Kenntniss, Witz und philos. Scharfsinn ausgearbeitete Abhandlung, dass er uns alle auf die Fortsetzung dieser besonders auch für den Entzweck unserer Gesellschaft so wichtigen Schrift in der ungeduldigsten Erwartung gelassen. Eine Antwort auf die anonyme Schrift des letzten Donnerstags machte den Schluss.

Den 7ten Dezb. las, weil der den die Reihe traf sich wegen einer Reise entschuldigt hatte, Herr Lenz einen von Herrn Hofrath Schlosser an die Gesell. eingesandten verbindlichen Brief nebst dessen erster[2] Abhandl.: Skizze seiner Vorstellungsart der Moral betittelt, vor, die von der ganzen Gesellschaft mit allgemeinem Beifall und Bewunderung aufgenommen wurde. Er hatte sich vorzüglich bemüht, darin von einem neuen Grundsatz auszugehen, als alle bisherigen Moralisten, die sich mit schwankenden und unbestimmten Allgemeinsätzen begnügt haben, auf denen sie ein ebenso unbestimmtes System erbauten, und er ist der erste der den Grundsatz: suche deinen innern Menschen auszubilden, durch sein ganzes Lehrgebäude der Moral mit einer Evidenz und Deutlichkeit durchgeführt hat, dass auch dem grössten Skeptiker kein Zweifel übrig gelassen worden.

Den 14ten Dezb. las Herr Lenz statt der Anrede ein kleines Familiengemählde, aus einer Zeitungsanekdote gezogen.[3] Herr Flies[4] las einen Auszug aus einer Schrift des Herrn Tyge Rothe: üb. die Wirkung des Christenthums auf den Zustand der Völker in Europa.

---

[1] s. Weinhold, Dram. Nachlass v. Lenz S. 24-27.

[2] Goethes Schwager in Emmendingen scheint mithin korrespondierendes Mitglied des Vereins gewesen zu sein, vgl. Tieck, Lenz Schr. II. S. 330 Anm.

[3] Die beiden Alten, ein Familiengemälde s. Ges. Schriften II. 291.

[4] Wohl ein lapsus cal. für Fries.

Den 21ten Dezb. las Herr Lenz statt der Anrede die Uebersetzung einer Ballade aus Dodsleys Sammlung alt-englischer Gedichte und statt Hr. Haffner erwies uns Herr Ramond, ein Fremder aus Colmar, der bey dieser Gelegenheit mit in unsere Gesellschaft trat, die Ehre uns ein Drama seiner Arbeit mitzutheilen, das den Titel führte : « les malheurs de l'amour » und sowohl in Ansehung des Plans als der Ausführung das Gepräge des originellsten und hoffnungsvollsten Genies hatte.

Den 2ten Januar (1776) kam die Gesellschaft ausserordentlich zusammen und ward bey dieser Gelegenheit, da wir vergeblich auf die Ankunft des Herrn Hofrath Schlosser's gewartet hatten, von Herrn Lenz ein Neujahrsgedicht in Versen[1] verlesen, worauf er eine von Herrn Schlosser eingesandte modernisirte Epistel Johannis[2] ablas, die bes. die gewöhnliche Art in unsern Tagen die Religion vorzutragen rügte.

Den 10. Januar las Herr Magister Leypold in Beysein verschiedener neuer Zuhörer zum Theil auch Mitglieder der Gesellschaft einige Auszüge aus einem Strasburgischen Schriftsteller des vorigen Jahrh. Seb. Brandt's Narrenschiff[3] vor mit seinen Anmerkungen und Erläuterungen begleitet, die mit allgemeinem Dank und Vergnügen aufgenommen wurden.

Den 17ten Jan. las Herr Otto an der Stelle des Herrn Lobstein eine tragische Komödie : « Der Pretendent » genannt.

Den 25. Jan. las Herr Lenz etwas üb. die Veränderungen des Theaters im Shakespeare[4] und Herr Matthieu das erste Drama seines Freundes Ramonds, das dem bereits verlesenen zur Einleitung diente.

Den 1ten Februar las Herr Lenz etwas über den Charakter des Sokrates aus dem Xenophon und Herr Meyer vermischte Gedanken über D. Swift. [5]

Den 8ten Febr. las Herr Matthieu das am 21ten Dezb. vorgelesene Drama seines Freundes zum andern vor um es dem kühlern Urtheil der Herren auszusetzen.

Den 16ten Febr. las Herr Lenz ein ursprünglich englisch geschriebenes von ihm selbst in's deutsche übersetzte Gedicht

---

[1] Ges. Schr. II. 331.
[2] Dorer-Egloff J. M. R. Lenz S. 194.
[3] Bürgerfreund 1776 S. 145-153, 161-166, 329-336. Ein Versehen von Lenz, das Narrenschiff erschien 1494!
[4] Lenz' Schriften II. 335-340.
[5] Stöber hat statt «D[echant] Swift» : «diese Schrift!»

des Herrn Hofrath Schlossers bis auf den 1ten Brief vor: Antipope genannt.

Den 24ten Febr. las Herr Magister Müller eine Probe seiner Uebers. der Niederländischen Geschichte vor, die er das nächstemal fortsetzen wird.

Den 1ten März las Herr Lenz ungedruckte Briefe üb. die Moralität der Leiden des jungen Werthers.[1] Herr Müller las die Forts. seiner Niederl. Geschichte.

Den 21ten März las Herr Röderer Hr. Lenzens Coriolan aus dem englischen des Shakespeare.[2]

Den 28ten März las Herr Otto: « de l'Erudition. » Es wurde beschlossen, dass Herr Salzmann bis auf die Rückkunft des Herrn Lenz den Sekretär der Ges. vorstellen sollte.

Den 18ten April las Herr Blessig die Vorrede zu einer Experimental-Logik; und Herr Salzmann eine neue prosaische Uebers. der Romanze aus dem Landprediger von Wakefield.[3] Man machte aus sich den Sommer über nur alle 14 Tage um halb drey Uhr bei Herrn von Türckheim in der Brandgasse zu versammeln.

Den 13ten Junius las Herr Magister Müller seines Herrn Bruders Uebers. der L. L. Politic. Aristotelis vor, von Cap. 1 bis 5 und Herr Salzmann eine Uebers. aus dem franz. des Cardinals von Bernis: Gedanken über das Vergnügen auf dem Lande.[4] Es wurde aufs neue beschlossen, sich ohnfehlbar alle 14 Tage zu versammeln, u. nicht, als um dringender Ursachen willen, auszusetzen.

Den 27ten Junius hielt Hr. Salzmann eine kleine Anrede üb. die Frage: ob es rathsam sey in eine Sprache fremde Wörter aufzunehmen?[5] Hr. von Türckheim las die Geschichte von der Lehre der Vielweiberey.

Den 18ten Julius las Hr. Salzmann einige Paragraphen aus dem Aufsatze: « von den Fehlern in der Strasburg. Kinderzucht »[6] u. Hr. Wagner mit vielem Beifall ein Trauerspiel in 5 Aufzügen: « Die Kindermörderin. »[7]

[1] s. O. Gruppe, Lenz Leben und Werke S. 33.
[2] Weinhold, Dram. Nachlass von Lenz S. 6.
[3] Bgfd. 1776 S. 275-284.
[4] Bgfd. 1777 S. 534-539, 543-548. A. Stöber scheint diesen Jahrgang nicht gekannt zu haben, da er ihn nicht anführt.
[5] Bgfd. 1777 S. 413-416.
[6] Bgfd. 1776 S. 457-462, 473-480, 553-559, 569-576, 585-593.
[7] Wahrscheinlich hatte Wagner den 1. Akt. des 6aktigen Dramas weggelassen.

Den 8ten August las Hr. Schönfeld : 1) seine Cantate auf den Marschall von Sachsen vor, die er in Musick gesetzt hatte ; 2) der Spiegel an seine Besitzerin.[1] Herr Michaelis von G. las des Herrn Aktuarius Salzmann Abhandl. vor : «von der Glückseligkeit in bürgerlichen Gesellschaften»[2] als ein Anfang zu den schon gedruckten Abhandlungen ebendesselben Verfassers.[3]

Den 22ten Augst. las Hr. Ramond von Colmar ein franz. Drama vor: « Der Duell » betitelt, welches ein Zwischenstück eines grösseren Werkes ist, das den Namen Amours alsaciennes führt.

Den 5ten Sept. las Hr. Salzmann ein Klag-Idylle auf Lukas Tod[4] und Hr. Blessig zwei Skizzen von Artikeln des philos. Wörterbuchs, wovon er die Vorrede neulich vorgelesen hatte, nemlich Moralisches Gefühl u. Unsinn. Hr. Ramond schloss mit einem kleinen Gedichte : à Mdlle avec une Trad. de l'Ecclésiaste.

Den 27ten Sept. las Hr. Breu : Philon von Corinth, eine Erzählung und Hr. Ramond : le Pié de né auch eine Erzählung.

Den 10ten Oktober las Hr. Corvinus eine Abhandlung «von dem Nutzen der Schläge in der Erziehung ». Hr. Fries eine Uebers. der XVten Idylle des Theokrits in Strassburger Mundart.[5]

Den 6ten Nov. las Hr. Haffner : Anekdoten aus der Kirchengeschichte vor.

Den 13ten Nov. las Hr. Otto eine Abhandl. «die Geschichte des Ehbruchs» vor.

Den 21ten Nov. las Hr. Haffner eine Uebers. der Schrift Kaisers Julians gegen die christl. Religion vor. Er verspricht die Fortsetzung der Gesellsch. nach und nach vorzulegen.

Den 28ten Nov. las Hr. Magister Fries eine Abhandl. «gegen den Teufel » vor, die er fortzusetzen verspricht.

Den 5. Dezb. las Hr. Salzmann einen Entwurf « einer Geschichte der Leberthalischen Bergwerke.[6] »

Den 9ten Januar 1777 hielt die teutsche[7] Gesellschaft ihre

---

[1] Bgfd. 1777 S. 14-16.

[2] Bgfd. 1777 S. 479-489, 501-510, 548-551, 566-574.

[3] Kurze Abhandlungen über einige wichtige Gegenstände aus der Religions- und Sittenlehre, Frankfurt am Mayn 1776.

[4] Bgfd. 1776 S. 593-595.

[5] Bgfd. 1776 S. 649-656. (Im Strassburger Pfarrerdeitsch).

[6] Bgfd. 1777 S. 65-72, 87-93, 119-127.

[7] An dieser Schreibart ist die Wirkung des Lenzschen Briefes an Haffner zu merken.

erste Versammlung in dem Kloster zu St. Wilhelm eigentlich der vormaligen Prediger. Hr. Ramond von Colmar las die drey ersten Akte seines elsassischen Trauerspiels: «le comte d'Egisheim» vor.[1]

ANHANG.

Ein Brief von Lenz an Isaak Haffner.[2]

Adr. Herrn Herrn Hafner, Candidaten der Theologie zu Strasburg, gegenüber der neuen Kirche.

[Emmendingen, Dezember 1776.]

Lieber Hafner! wenn du oder Herr Otto unter euren Pappieren etwas habt, dessen Bekanntmachung ihr wünschet: vorausgesetzt dass es eurem eigenen höchsten Ideal von dem entspricht, was über die Sache gesagt werden könne, so dürft ihrs nur mit einem Briefe gerade an Wieland begleiten (Herrn Hofrath Wieland zu Weymar) er macht sich eine Freude daraus alles zu befördern, was im Elsass Aufmerksamkeit verdient. Euer Zutrauen zu ihm kann unbegrenzt seyn, trauet dieses einem zu, der ihn gesehen, und nicht aus litterarisch politischen Absichten[3] sein Freund worden ist.

Eine Kleinigkeit um die ich euch aber bitten will, insofern ich euch nach unserer alten Freundschaft und als geborne Teutsche ansehe. Diese wäre, aus Gefälligkeit gegen Wieland den Namen unsers Vaterlandes künftig hin nicht mit einem weichen D. sondern mit einem harten T. zu schreiben. Ich habe seine Gründe drüber gehört und mich aus eigner Willkühr entschlossen dem alten Schulmeister Gottsched zum Trotz und einem Mann wie Wieland zu Liebe mein Vaterland nicht mehr zu beschimpfen wenn ich es von Deüt einem niedersächsischen Wort das «eine Nichtswürdigkeit» bedeutet her-

---

[1] Hier bricht die Handschrift hastig ab. Von einer Fortdauer des Vereins ist nichts bekannt. Die Bgfd. 1777 S. 799 erwähnte «Uebungs-Gesellschaft» war eine besondere Stiftung Blessigs für seine jüngeren Freunde (Strassb. Post 1887 Nr. 30), wie auch J. G. Röderer eine solche gegründet hatte (A. Stöber, Röderer S. 5).

[2] Das Original in der Rigaer Stadtbibliothek.

[3] Ein Stich gegen Goethe, der Lenz in Weimar gestürzt hatte.

leite, da unser Stifter Teut hiess und die älteste Schreibart [1] diese kleine aber liebenswürdige Grille Wielands rechtfertigt.

Wenn jemand Recht hat, Bruder! wer wollte einen Augenblick anstehen ihm Recht zu geben.

Solltet ihr sonst jemand wissen, der nicht aus Eigennutz, sondern aus inniger Liebe zur lautersten Ehre, aus Begierde den Edelsten unsers Vaterlandes auf eine edle Art bekannt zu werden, etwas das dem Elsass Ehre machte, in den Merkur wollte rücken lassen der es auf die geschwindeste und einzig mögliche Art an unsern Höfen und in unsern besten Gesellschaften bekannt macht, so werdt ihr mir einen Gefallen thun, mir Nachrichten von ihm zu geben, damit ich meine Einladung an ihn selber wenden könne. Adressirt die Briefe nur an Herrn Hofrath Schlosser in Emmendingen, abzugeben an Herrn Lenz.

Wenn du zu Herrn von Türckheim gehst so mach ihm von mir viele der schönsten Empfehlungen, nicht bloss wie sie seine persöhnlichen Liebenswürdigkeiten, sondern hauptsächlich seine patriotische Wärme für seine Vaterstadt verdienen. Melde mir welch einen Gang der Bürgerfreund und die Teutsche und Französische Gesellschaft in seinem Hause nehmen. Herrn Blessig empfiel mich gleichfalls und schreib mir von seinen Neuigkeiten. Ein gleiches bitte den Herrn Ramond u. Matthieu zu thun wovon ich dem erstern Glück wünschen lasse, falls er schon abgestiegen ist von seinem hölzernen Pferde. Vermuthlich wirst du bald hinauf steigen und dann einen glücklichen Ritt.

L.

Es steht bey Euch, Eure Namen zu Euren Ausarbeitungen herzugeben, oder vorher zu versuchen, welch ein Glück sie bey Kennern machen. Der Himmel walte über Euch und regiere Euch.

Sehr gut wäre es, wenn ihr zu allem was ihr einschicktet, hinzusetztet: aus dem Elsass, es mögte mit eurem Namen oder mit andern Buchstaben unterzeichnet seyn. Ramond wird vermuthlich schon vom Herrn Ackturarius erfahren haben, dass Ihre Durchl. die Herzoginn Mutter sein Drama, nachdem sie mich darum gefragt behalten haben.

Ganz grosse Dramen würde Wiel. schwerlich in den Merkur rücken können, wohl aber kleine. Ueberhaupt bitte ich, Euch kurz zu fassen.

---

[1] Ein Irrtum Wielands, siehe Jak. Grimm, Geschichte der deutschen Sprache I S. 548 ff.

VI. Der Buchsweiler Freundeskreis von Goethe und Lenz.

(Mit einer Verwandtschaftstabelle.)

Die Grafschaft Hanau-Lichtenberg mit der Hauptstadt Buchsweiler, welche sich, unter französischer Oberhoheit stehend, als ein breiter Streifen von den Vogesen bis zum Rhein erstreckte, während der nördliche Teil mit Pirmasens und die rechtsrheinischen Aemter Lichtenau und Wilstett im Osten auf deutschem Reichsboden lagen, war nach dem Aussterben der einheimischen Landesherren, von denen besonders der letzte, Joh. Reinhard III., ein gesegnetes Andenken hinterliess, im Jahre 1736 an den Tochtersohn desselben, den Erbprinzen Ludwig IX. von Hessen-Darmstadt, gekommen. Während Ludwig IX. auf deutschem Reichsboden zu Pirmasens seinen sonderbaren soldatischen Neigungen huldigte, lebte in Buchsweiler inmitten ihrer Kinderschar Henriette Karoline, seine Gemahlin, die von Friedrich dem Grossen und Goethe bewunderte «Grosse Landgräfin». In Buchsweiler war die Verwaltung des Ländchens und seiner zahlreichen im Unterelsass gelegenen Enklaven, deren Aemter sich in echt patriarchalischer Weise vom Vater auf den Sohn zu vererben pflegten.

Buchsweiler, damals an der direkten Strasse zwischen Metz und dem Mittelrhein gelegen, sah manch fürstlichen Besuch in seinen uralten Mauern. Der Gouverneur, der Intendant, der deutsch-französische Adel des Elsass, der im nahen Zabern residierende Kardinal Rohan sprachen beständig ein. Das Schloss, welches die Revolution vernichtete, während die von Napoleon I. verschenkten Orangeriebäume noch heute in Strassburg grünen, die zahme und wilde Fasanerie erblickte Goethe im Jahre 1770, nachdem die Erbprinzessin zur grossen Betrübnis der Bewohner, welche sich auch in Goethes Bericht wiederspiegelt, bereits im Jahre 1765 aus finanziellen und politischen Rücksichten zu ihrem alten Schwiegervater Ludwig VIII. nach Darmstadt übergesiedelt war.[1]

Seitdem verfiel der altertümliche Ort mehr und mehr, wenn auch die geistigen und verwandtschaftlichen Beziehungen des-

---

[1] Briefwechsel der Landgräfin Caroline v. Hessen-Darmstadt, herausgb. von Dr. Walther.

selben zu dem rechtsrheinischen Lande infolge der Thronbesteigung Ludwigs IX. in Darmstadt im Jahre 1768 an Zusammenhang gewannen. Hanau-lichtenbergische Beamtensöhne, wie Lerse, studierten auf der hessischen Landesuniversität Giessen : hessen-darmstädtische Beamte, wie Geheimrat Andreas Peter von Hesse, heiraten Töchter des Elsass ; beim Ausbruch der Revolution flüchteten viele Buchsweiler Familien in das rechtsrheinische Gebiet. Erzählt man sich doch, dass, als die hessische Artillerie nach der Schlacht bei Wörth durch Buchsweiler jagte, dieser und jener Artillerist an der Hausthür einem elsässischen Vetter die Hand gedrückt habe.

Stets blieben die Bewohner des Hanauer Landes, wie noch heute die ehemalige Grafschaft genannt wird, ihrer Vergangenheit treu. Das alte Buchsweiler Gymnasium war auch unter französischer Herrschaft dem Charakter nach eine deutsche Anstalt. Das Hanauer Gesangbuch mit dem Bilde der alten Landgrafen unter dem Arm, ziehen noch heute die Greise in ihren langen Röcken, den mächtigen Dreispitz, vulgo Nebelspalter, auf dem Kopf, zur Kirche. Evangelische Frömmigkeit und deutsche Treue, mit deutscher Schwerfälligkeit gepaart, bilden den Grundcharakter dieses vortrefflichen Menschenschlages. Wie hätte sonst Ludwig X. mitten im Jahre 1790, als die Wogen der Revolution im übrigen Elsass bereits hoch gingen, nach seiner Thronbesteigung eine Huldigungsreise nach Buchsweiler unternehmen können, wo er zum grössten Aerger der Strassburger Revolutionäre mit Ehreneskorte, Glockengeläute, Illumination und unter Freudenthränen seiner Unterthanen aufs beste empfangen wurde (s. meinen Aufsatz, Strassburger Post 1883 Nr. 91 u. 93).

In diesen Kreis patriarchalischer Verhältnisse führt uns beifolgende Verwandtschaftstafel, die ich auf Grund eines mir von Herrn Rat Kern gütigst mitgeteilten Stammbaums der Familie König vermittelst der Standesregister von Buchsweiler, Strassburg und Wolfisheim — diejenigen von Westhofen sind in der Revolution leider zu Grunde gegangen — habe aufstellen können. Dieselbe liefert den authentischen Beweis, dass der Buchsweiler Freundeskreis Goethes und Lenzens ein verwandtschaftlich geschlossener gewesen ist. Ich füge folgende Daten hinzu.

Nach den mir vorliegenden Akten erkaufte der Amtsschaffner Georg Jakob Engelbach am 26/2 1691 von der hanau-lichtenb. Regierung die Amtsschaffnei-Behausung in dem Städtchen

Westhofen mit 18 Acker Feld, 22 Acker Matten und 8 Acker Reben als eigenes Besitztum. Auf diesem Gute ist dessen Enkel, Goethes Freund, geboren. Im Jahr 1746 kaufte der Archivarius zu Buchsweiler, Joh. Friedrich König, selbst ein Enkel jenes Amtsschaffners Engelbach, diese Besitzung von den übrigen Engelbachschen Teilerben, als welche besonders die Barthschen Erb-Interessenten, nämlich Barth, Kern, Lerse und Apotheker König, die beiden letzteren im Namen ihrer Frauen, unterzeichnet sind. Joh. Friedrich König wurde nach « der Stadt Strassburg Regimentsverfassung » (Stadt-Archiv) 1748 als Konsulent des geheimen Kollegiums der Dreizehn nach Strassburg berufen, starb aber bereits am 7/7 1750 im Alter von 43 Jahren. Nach seinem Tode besass die Witwe das Gut. In dem Westhofener Allmendbuch 1651 - 1771 fand ich unter Nr. 41 : « Gemeine Allmend- und Bodenzinss zahlten die Engelbachische H. Erben 2 β von Einer Scheuer im Städtlein Westhoffen an der Goldgass einseit Ringmauer zweiseit Jonas Männels Erben, vorne Allmend und hinten auf die Zinsserin selbsten, welche dermalen ist Hr. Consulent Königs Frau Wittib zu Strassburg. »

Nach dem Tode der Mutter 10/1 1787 erbten Luise und Charlotte König das Besitztum, welches nach den gütigen Mitteilungen des Herrn Steuerempfängers Wolf, die mir Herr Pfarrer Kiefer freundlichst vermittelte, im ältesten Kataster von 1791 auf den Namen « Luise König » eingetragen ist. Darnach lässt sich das Haus als dasjenige der in Strassburg lebenden Witwe Rosenstiel, in deren Papieren sich der Engelbachsche Kaufakt von 1691 gefunden hat, bestimmen ; heutzutage im Städtel Nr. 85, bewohnt von Bäcker Lohr.

Luise König, die Freundin der Karoline Herder, der Cornelie Schlosser und des Dichters Lenz, starb in Strassburg 26/8 1801 im Hause des Apothekers Karl Friedrich Spielmann, Ecke der Krämergasse und des Münsterplatzes, der als « Freund der Verstorbenen » mit ihrem « Vetter » Karl Rehfeld, « homme de lettres » (die Buchsweiler Familie Rehfeld, mit Kern nahe verwandt, kommt in den Briefen der Luise König und auch bei Lenz, Dramat. Nachl. S. 115 vor), ihren Sterbeakt unterzeichnet hat. Dieser Sterbeakt führte mich auf die Familie Spielmann : Herr Rentner Karl Spielmann, geb. 1822, der Enkel Karl Friedrichs, liess mir über Luise König folgende dankenswerte Nachrichten zukommen, welche er in seiner Jugend aus dem Munde seiner alten Grossmutter vernommen hat :

«Fräulein König bewohnte lange Jahre den ersten Stock des alten Spielmannschen Hauses; sie war eine sehr originelle interessante Persönlichkeit und hat Goethe stets gern bei sich gesehen. In späteren Jahren empfing sie die Damenwelt der höheren französischen Beamten; man führte sogar in ihrem Salon kleine Lustspiele auf, wobei bemalte spanische Wände als Dekorationen dienten. Die Gäste waren nur Marquisen und Komtessen in grand habit und panier, und Unterzeichneter erinnert sich sehr wohl, mit welcher Entrüstung ihm seine stolze Grossmutter von dem allzu herablassenden Empfang erzählte, der ihr zu teil wurde, wenn sie in ihrer steifen, kostbaren, ächten Strassburger Tracht bei solchen Soireen ihren Eintritt hielt. Doch liess sie sich nie einschüchtern, und Fräulein König war taktvoll genug, um ihr alle ihre gebührenden Honneurs zukommen zu lassen. Rohan, der liebenswürdige Kardinal, beehrte mehr wie einmal diese kleinen Gesellschaften mit seiner Gegenwart und auch Cagliostro, welcher Nachbar des bischöflichen Palais war, schloss sich seinem hohen Gönner an. Wie es Fräulein König während der Schreckenszeit ergangen, kann ich nicht bestimmen. Jedenfalls ist zu vermuten, dass sie Frau Spielmann nicht verliess und ihr mit Rat und That beistand, während mein Grossvater sich im Lyceum in Haft befand.»

Charlotte König, ihre jüngere Schwester, erschien nach der Mitteilung alter Leute, die sie persönlich kannten, noch jeden Herbst in Westhofen, um den Zins von 40 Acker Gut einzuziehen und die Weinernte einzuheimsen. Sie soll von der Bevölkerung, wohl in Erinnerung an die hohe Stellung ihres Vaters, mit dem Titel «Excellenz» beehrt worden sein. Am 7/2 1825 starb auch sie im Hause des Konditors Ollivier am Paradeplatz (Kleberplatz) in Strassburg, wohl als letztes Glied ihrer Familie. Ihren Sterbeakt unterzeichneten aus der am Ende des vorigen Jahrhunderts von Buchsweiler nach Strassburg übergesiedelten Familie Kern: Friedensrichter Christian Ludwig Kern, 68 Jahre alt, als Vetter und Advokat Karl August Kern als Nachbar, 25 Jahre alt. Daher wird erklärlich, dass oben benutzte Königsche Familienpapiere sich im Besitze des Herrn Rats Kern erhalten haben. Leider aber scheint der jedenfalls bedeutende briefliche Nachlass der Luise König bis auf die 16 im Herder-Nachlass gefundenen Briefe derselben und einen von Lenz aufgehaschten und bei Röderer liegen gebliebenen Brief der Karoline Herder, welchen ich entdeckte, verloren gegangen zu sein.

Verwandtschaftstabelle
der Buchsweiler Familien Barth, Engelbach, Kern, König, Lerse, Rehfeld.

Joh. Jak. König — **Anna Regina Keller**, Tochter des Pfarrers Keller in Lichtenberg

Georg Jak. Engelbach — **Maria Magdal. Moller**, Tochter des Burgvogts zu Lichtenberg

Amtschaffner von Westhofen und Wolfisheim

Brumath zuletzt 1673–1688 Pfarrer in Prinzheim

Friedr. Jak. König

Christine Salome Engelbach

Joh. Konrad Engelbach Kammerrat in Buchsweiler, heiratet in Westhofen (Buchsw. Kirchenbuch) 29/10 1726: Sophie Sabine, Tochter des Kammerrats Aulber.

Magdalena Sophie Engelbach Gemahl: Joh. Barth, Regierungsrat in Buchsweiler † 13/9 1741.

---

geb. 1677 in Buchsweiler, wohin die Eltern im Kriege geflüchtet.
1700–1702 Diak. in Westhofen
1702–1705 Pfarrer in Preuschdorf
1705–1720 Pfarrer in Pfaffenhofen
1720–1751 Oberpfarrer in Landau.

Joh. Konrad Engelbach Westhovensis, *Goethes Freund*, in Buchsweiler.

Joh. Heinrich Barth Regierungsrat in Buchsweiler.

Marie Susanna Barth Gem.: Philipp Jak. Lerse Regierungs- und Konsistorialrat in Buchsweiler.

Marie Salome Barth Gem.: Joh. Heinrich König Hofapotheker in Buchsweiler.

Sophie Sibylle König Gem.: Philipp Heinrich Kern † 1784 Geh. Rat, später Präsident in Buchsweiler; stellvertretender Pathe bei der Taufe von Friedr. Leopold Weyland, *dem Freunde Goethes* (geb. 29/8 1750). Seine Schwester Marie Elisabeth Kern, vermählt mit Aug. Theob. Rehfeld, Regierungsrat in Buchsweiler.

Joh. Friedr. König Archivar in Buchsweiler 1748 Konsulent der Stadt Strassburg gest. 7/7 1750 (N. K.). Gem.: Marie Euphrosyne, Tochter des Kammerrats Cullmann gest. 10/1 1767 (N. K.).

Franz Christian Lerse geb. 3/6 1749 *Goethes Freund*.

2 Vorfahren und 3 Nachkommen im Besitz derselben Apotheke hiessen Joh. Heinr. König. Der letzte starb 1889.

Karl Heinr. Kern [1] Matr. Gen. 10/5 1775, † 1847 Ehrendekan der jur. Fakultät in Strassburg.

Marg. Elis. Luise König geb. 29/12 1742 in Buchsweiler gest. 26/6 1801 in Strassburg *Freundin von Karol. Herder, Cornelia Schlosser, und von Lenz. Ihre Taufpatin: Maria Elis. Lerse, Gattin des hanau-lichtenb. Rats und Leibmedicus Johann Georg Lerse.*

Christ. Barbara Charlotte König gest. 7/2 1825 in Strassburg.

Karl August Kern, † 1872 Advokat in Strassburg, Generalsekretär des Direktoriums Augsb. Konf.

Karl August Kern, geb. 1831 Appellationsgerichtsrat alt. Augsb. Konf. in Strassburg.

---

[1] Von seinen älteren Brüdern war: 1) Phil. Friedr., Regierungsrat in Buchsweiler, später Präsident des Direktoriums Augsb. Konf. in Strassb., vermählt mit Euphros. Salome Koch, der Schwester des Rechtshistorikers Prof. Koch aus Buchsweiler; 2) Christ. Ludw., Friedensrichter in Strassburg.

VII. Briefwechsel der Strassburgerin Luise König mit Karoline Herder, der Frau des Dichters, aus dem Herder- und Röderer-Nachlass.

Luise König, geb. den 25. Dez. 1742 in Buchsweiler, war eine Jugendfreundin der Karoline Flachsland, der Gattin des Dichters Herder, welche als jüngste Tochter des herzogl. württemb. Amtschaffners Joh. Friedrich Flachsland zu Reichenweier im Oberelsass am 28. Jan. 1750 geboren war.

« Mein Vater,» schreibt Karoline in ihren «Erinnerungen», «starb im J. 1750 in seinen blühendsten Jahren, dem 30sten, an einem hitzigen Fieber. Meine Eltern lebten in der glücklichsten Ehe, beide geliebt und geehrt von dem ganzen Ort und der ganzen Gegend wegen ihrer Tugend, ihrer Wohlthätigkeit und freundlichem Umgang mit Menschen. Meine Mutter war 14 Tage Wöchnerin, als mein Vater starb; sie war mir bis zu ihrem Tode und über das Grab hin das liebste, was ich auf der Welt hatte. Acht unerzogene Kinder blieben mit ihr in Armuth zurück, aber Gott hat uns wunderbar durchgeholfen durch Verwandte[1] und edle Menschen und mir in meiner Armut — Herdern zum Manne geschenkt! Meine zweite Schwester [Friederike] war an den Geheimrath Hesse in Darmstadt vermählt, und so kam ich auch dahin.»

Hier war es, wo im Aug. 1770 der 26 jährige Herder, als Lehrer und Reiseprediger des Prinzen Peter Friedrich Wilhelm von Holstein, bei Fräulein v. Ravanel, der Gesellschafterin der Landgräfin Karoline, die 20 jährige Karoline Flachsland kennen lernte, die er nach fast dreijährigem Brautstande, als Konsistorialrat in Bückeburg, am 2. Mai 1773 heimführte.

Die hier zum ersten Mal veröffentlichten Briefe der Luise König an Karoline Herder, welche teils direkt, teils durch Vermittelung der Madame Hesse in Darmstadt nach Bückeburg gelangt sind, reichen vom März 1773 bis Okt. 1775. Da dieselben nicht nur wegen ihrer Beziehungen zu Herder und wegen mehrerer geschichtlich wichtigen Stellen über Goethe und Lenz,

---

[1] Der Name Flachsland findet sich auch in den Buchsweiler Kirchenbüchern, so: Jak. Burkhard Flachsland hochfürstl. Regierungsadvokat (Sterberegister 1778 16/1).

von dessen Hand eine Nachschrift herrührt, sondern auch als Zeugnisse deutscher Bildung und Gesinnung einer Elsässerin, die ihrer ganzen Denkweise gemäss dem Darmstädter Freundeskreise angehört, besonderes Interesse erwecken, so habe ich sie nach kurzem Bedenken, mit Weglassung lediglich geschäftlicher Mitteilungen, vollständig zum Abdruck gebracht. Selbst Urteile des alltäglichen Lebens, welche in Alt-Deutschland unwichtig scheinen, erlangen auf dem Boden des wiedergewonnenen Reichslandes erhöhte Bedeutung, da sie auch dem Ungläubigen den früheren geistigen Zusammenhang beider Länder thatsächlich beweisen.

1.

Strassburg d. 19t Mertz 1773.[1]

Gestern hat ihr[2] Abschied in hiesiger Gegend, einen grossen Riss in mein Hertz gemacht, es blutet noch und ich kan nichts mehr davon sagen, als dass wir inige Freunde waren, und sie es verdienten. ich empfehle sie Ihrer Liebe so lang Sie sie ihr schencken können — o wer möchte jetzt nacher D[armstadt] gehen? mein Hertz zerrisse sich vollends, es ist nicht starck genug den Verlust des Umgangs würdiger Freunde mit einer gleichgültigen Gelassenheit zu ertragen.

Das Geld ist mit der Landkutsche richtig angekommen. ich habe meine Schuldleute vermocht es so anzunehmen und mein ausgelegtes hat mein Vetter ausgewechselt. also keine Sorge und Anliegen desswegen mehr. Sie haben mir ein rechtes Wort des Trostes gesagt, dass Sie und **auch** andere mit mir zufrieden sind, ich weis wohl dass es ohnmöglich ist eines andern Geschmack völlig zu erreichen, ich verlange auch nicht mehr als dass man sich versichere dass keine Nachlässigkeit schuld daran ist. Sie thun es das weis ich, diesses hat mir auch Muth genug gegeben, alles über mich zu nehmen. ich schreibe heute in einem Ernsthafteren Tone wie voriges mahl, aber mein Hertz will und mag keinen andern annehmen. meine Empfindungen sind immer die nehmlichen, ich drücke Sie an diesses Hertz und liebe Sie ewig, Koenig.

Sagen Sie mir auch wieder etwas von H[erder].

[1] Die Schreibart und Interpunktion der Originalien ist im Abdruck beibehalten worden.
[2] Frau Regierungsrat Kern, die Tante der Luise König.

2.

Strassburg d. 8t julii 1773.

Und diesse Stimme tönet in mein kranckes Hertz, das sich schon vergessen glaubte weilen ich Geld, und kein Wörtgen von Ihrem Freundschaftlichen Mund erhielt. O liebste beste Herderin Sie verwunden mich tödlich wan Sie jemahls mich vergessen! um Ihres vollen Gefühls willen thun Sie es nicht! Sie sind meine beste beste Freundin die ich in der Welt habe, ich verliehre schon genug dass ich Ihnen nicht mehr so nahe bin, O lassen Sie diesses auch meinen gantzen Verlust seyn! Nur als Sechs Zeilen in Frau Schwester Brief für mich, so bin ich zufrieden, wann ich schon alle Beschäftigungen euch zweyer göttlichen Seelen theilen möchte. ô! welch eine Seeligkeit für mich! um euch, in euch, und mit euch zu leben. ô das Schicksaal wann es zu erbitten wäre! Sie und unsere Darmstätter, — dan diesse gehören auch zu unserer Glückseeligkeit — erhätte ich hierher! hier, in meine Arme, die ich weit ausstrecken wollte um sie alle zu umpfangen. Welch ein Göttliches Leben! so in Freunden die nur eine Seele ausmachen, zu leben — ja Ihre Verdienste, Ihre Tugend, Ihre Freundschaftliche Seele hat Ihre Belohnung schon in der Welt gefunden. Heil sey der Vorsicht! die diesse Ehe geschlossen. Was kan Ihnen Westphalen nehmen? Ihnen die alles in einem haben! — freylich von theilnehmenden Freunden geschieden seyn die mit fühlen, mit geniessen, ist hart, es erhöhet unsere Glückseeligkeit, geliebte Zeugen um uns zu sehen, aber wo wollen wir in diessen Lande der Unvollkommenheit, der Zubereitung zu unserer gantzen Seeligkeit, wo wollen wir da Vollkomenheit suchen? — Ach Ihr Abschied hat mir selbst das Hertz zerrissen! ich sahe Sie an jenem Creutzweg trostloos wie von Himmel und Erde verlassen, verzweifelnd stehen — doch weg von diesser traurigen Sceene! Der Vorhang ist zugefallen, nie nie werde er mehr aufgezogen. Ihre Frau Schwester will mir Ihren Verlust ersetzen, sie schreibt mir oft, hat mir ihr gantzes Hertz geschenckt, mich zu ihrer Schwester angenommen, und redet mir oft und viel von Ihnen. sie sagte mir letztens dass Sie mit Ihrem geliebten Rosen pflantzten, pflantzen Sie doch auch eine für mich, die unserer Freundschaft geheiliget seye, diesse predige Ihnen oft, und laut, dass ich Sie nie vergesse, ewig, ewig liebe, verehre, und hochschätze, sie errinere Sie oft an das Versprechen so Sie mir gethan, meiner niemahls zu vergessen. Gott welch eine Reisse war die Ihrige! wie gefühlvoll! und wie seelig alle diess Gefühl in dem zu finden, der nun auf ewig Ihr eigen ist! ja diess nenn ich das Glück der Ehe, miteinander einen Sinn, einen Willen, einen Entzweck, nehmliche Triebe, nehmliche Vergnügen zu haben. immer neue Verdienste zu finden, die uns unseren Geliebten immer schätzbarer immer verehrungswürdiger, und uns unter der Last von Danckbarkeit ächzen machen! — und diess alles haben Sie — diess alles besitzt Ihr Herder. der mir noch erst vorige Woche durch einen seiner Verehrer in einem herrlichen Licht ist vorgestellet worden. ô wie bebte da mein Hertz für Freud da ich ihn den Mann meiner geliebten Caroline wusste und wie stoltz war ich zu sagen dass er meine beste Freundin zur Frau habe! man gratulierte mir und Ihnen, ich hatte es schon lange gethan.

aber wie bange macht mir die Beschreibung ihrer feuchten und schweren Luft, für Ihre Gesundheit! ach besuchen Sie oft unsere Gefilde!

kommen Sie auch hierher, wir haben gesunde, heitre Luft. So kan ich Sie an diess Hertz drücken das schon so lange für Sie schlägt, hören Sie es nicht schlagen? es schlägt laut sehr laut «Caroline, Herder, und Luise».

3.

Strassburg d. 26t. August 1773.

Sie haben mir bey Ueberschickung des Plans von Leuschenrings[1] Sammlung gesagt, wann ich Liebhaber dazu fände so solle ich es nur Ihnen schreiben, ich hätte gerne eines von denen zu 12 ℔ ich hätte Sie auch schon lange gern an Ihre vergessne Freundin errinert. es war mir aber allemahl bange dabey. jetzt kan ich nicht mehr schweigen, da eine andere Ursache mir die Feder in die Hand gibt. ô! meine beste, Theuerste, innigste Freundin! lieben Sie mich noch? wie zittert mein Hertz bey dieser Frage! ach! schon lange ist ihm bange und

---

[1] Franz Michael Leuchsenring, dem Darmstädter Kreise Mercks, wie dem der la Roche und der Jacobis zugehörig. Siehe über diesen empfindsamen, von Karol. Herder geschätzten Poeten, H. Düntzer, Aus Herders Nachlass III 206.

fragt sich, womit habe es verdient, dass die, die mir noch so lange nicht, mir die heiligsten und nachdrücklichsten Beweise von ihrer Liebe gab, sobald vergisst was ich für sie bin? Sie die so sehr fühlen was für eine Seeligkeit es ist, die Empfindungen der Freundschaft mitzutheilen, und sich den Gegenstand davon zu wissen? Sie sage ich, können nicht böse werden, wan ich diessen Verlust auf die schmerzhafteste Art empfinde. Sie haben mich diese Glückseeligkeit alzu sehr kennen gelehrt, um so bald gleichgültig zu werden. Nie durchlese ich Ihre alten Versicherungen von der ewig dauernden Liebe, ohne dass mich ein Schauer durchläuft. ö! wie sehr ahndete meinem Hertzen, als es nicht oft genug die Bitte wiederholen konnte, mich in den Armen Ihres Herders nicht zu vergessen. —

Doch schweig stille Hertz, und freue dich, dass deine geliebte einen Glückseeligern gefunden der sie die gantze Welt vergessen machen kan. liebe du sie dafür gedoppelt, ersetze dir darinn was du auf der andern Seite verliehrest — ja theure geliebte meines Hertzens und wan Sie mich auch gantz vergässen, so will ich doch Ihrer nicht vergessen. Mit Ihrer Frau Schwester die mir ihre gantze Liebe geschenckt, und die mich noch aufrecht erhält, will ich mich beständig in Ihrem Glücke freuen und durch den empfindlichsten Antheil mich Ihrer täglich würdiger machen. wir haben einen Freund Von Ihrem Mann Schwencke genandt der unten im Hausse isst. Der errinnert mich alle Tage an Sie und an alles was Sie betrifft. adieu beste der Seelen ein gantzer Himmel von Seeligkeit überströme Sie. Luise.

4.

Westhoffen d. 31t 8bre 1773.

O! dass doch mein letzterer Brief Ihnen immer mit der Versicherung dass ich Sie ewig lieben werde, an Ihrem edlen Hertzen läge! nein! den Tausendsten Theil von dem was ich bey Ihrem langen Stillschweigen empfand, sagte ich Ihnen nicht. mein Hertz war gantz davon zerissen. das Verdienst von Ihrem Herder und Ihr Glück, es so gantz zu besitzen, entschuldigten Sie zwar oft bey mir, aber der Gedanke, dass ich vergessen wäre, marterte mich unaufhörlich — doch stille! ich bin es nicht! meine Herderin will mich auf ewig lieben sie wünscht mich zu einem Zeugen ihrer Namenlosen Glückseeligkeit! was kan ich mehr verlangen? Ach warum trennt der Himmel Seelen, die er mit einerley Empfindung des guten und Schönen geschaffen? welch eine Welt voll seeliger Geschöpfe wollten wir beysamen ausmachen! Wann Herder mitten unter unserm Trüppgen stünde, wir mit unverwanten Augen von ihm die höhere Weisheit, die Tugend, die Freundschaft, und alle Geschäfte eines Unsterblichen Geistes lernnten. — glückseeliges Geschöpfe! das an seiner Brust liegen, und seines Umgangs ungestört geniessen kan! dieses kan Ihnen die Einöde zum Himmel, und eine Wüste zum Elysium machen. ô! niemahlen müssse ein so glückliches Band getrennt werden! und ihr müsset ungetrennt in jene Seeligkeiten hinüber gerückt werden. und Herder liebt mich? wünscht mich zu kennen! was fehlt mir noch zu meinem Glück! nichts als das sein Wunsch erfüllt würde. ja! ja! Sie waren zurückhaltent — aber auch darüber keine Vorwürfe mehr. es war auch Schicksal. Könnte ich wie ich wollte, ich würde Sie strafen und nacher Strassburg berufen. da müssten Sie mit mir leben, mich lieben, und Ihr Mann hochehrwürdiger Professor und Prediger in meiner Kirche seyn. wir haben auch Feld und Wald da, eine bessere Luft wie in Westfahlen, auch Freunde und Gesellschaft zur Wahl. Diesse sollten Sie wohl bey Ihrem Glück noch haben. ja wohl! warum muss der Stand, diesses nichtssagende Ding, zwey gleich edle Seelen voneinander entfernen. kan dann die Gräfin [1], die Sie mir so gross beschreiben, nicht über Vorurtheile dabey unser Hertz so sehr leidet, hinausgehen?

Sie thun wohl dass Sie kalt baden, wir haben hier Wunder davon gesehen. Gott segne alles, alles was Ihre Gesundheit befördern soll. so schreiben Sie mir auch wieder fleisiger, und erfreuen mein Hertz damit. und Sie fragen mich wie ich lebe und handle? einsam im Zimmer, zufrieden, durchlebe ich Tage, nicht vom Neide getrübt, noch vom Stoltze verdunckelt. geniesse alle Schönheiten des Landlebens bey diessen heitern und warmen Herbsttagen. durchwandle Berge und Thäler, freue mich über den Schöpfer diesser manigfaltigen Güter. Sie, Sie wissen wie wohl es dem Geist ist, wan er sich über die niedern Tändeleyen diesser Welt hinaufschwingen, und seinem unsterblichen Wesen gemäse Gedanken, dencken kan. wie oft wan ich den weiten Himmel, Wiesen, Gärten, Felder, Weinhügel, von einem hohen Berge überschaue, thut mein Hertz mit Klopstock den Wunsch «möchtet Ihr alle hier seyn die ich

---

[1] Maria Gräfin von Schaumburg-Lippe.

liebe!» ich versammle Euch alle rund um mich, und bin das seeligste Geschöpf durch die Einbildung. in trüben regnerischen Tagen, sind Kleist Zachariä la Bruyere und Young meine Gesellschafter. Zuweilen lache ich auch. nicht dass Sie etwa glaubten, meine Stirn entfalte sich nie. meine Seele ist immer ruhig und heiter, wan nicht zuweilen meine schwächliche Gesundheit sie mit Wolcken überzöge. eine meiner vornehmsten Beschäftigungen auch, ist, mit meinen Abwesenden Freunden in Briefen zu reden, und wieder ihre zu lesen. Der Tag da ich den Ihrigen erhielt, war mir recht festlich. ich empfieng von allen meinen Freunden auf einmahl. ich sass umringt von Ihnen, jedes sagte mir, dass es mich liebte, mein Hertz sagte Amen dazu, und hätte seine Empfindungen nicht mit einer Crone vertauscht. so kan man auch bey dem Mangel gegenwärtiger Freunde Seeligkeiten geniessen. Vorige Woche haben wir unsern Herbst bey dem schönsten und wärmsten Wetter heimgemacht. wir assen in den Reben zu Mitag, wir waren fröhlich und danckbar auch für das wenige so wir einerndeten — jetzt ist mein Hertz leicht. es hat lange mit Ihnen sprechen können. muren Sie nicht darüber, es kommt Ihrer F r e u n d i n zu gute. mit meiner feurigsten Umarmung drücke ich Sie und Ihren Herder an meine Brust. Luise.

5.

Strassburg d. 3t Mertz 1774.

So glauben Sie dann meine Liebe, englische, unvergessliche Freundin, dass es dem Hertzen gleichviel ist, ob es zuweilen an seine abwesende Freunde denckt, oder Versicherungen der Treue liesst? Nein! nein! sage ich Ihnen. man muss wie Sie in einem Meer von Wollust athmen, und sein gantzes Glück in einem Herder finden wann dieses möglich seyn soll. ich vergebe Ihnen auch desswegen gerne diese Ketzerey. Kan ich es aber Dem thun der sich so gantz zu dem Mittelpunct Ihrer Wünsche macht, und Sie von allem abzieht Das nicht E r ist? es wird meinem Hertzen gar zu schwer dabey. aber muss ich nicht dem Verdienst Gerechtigkeit widerfahren lassen? und es verehren, wann ich es schon beneide. könnte ich mich nur mit an seiner Sonne wärmen, gerne wollte ich Sie auch dabey sitzen lassen, auch sollten Sie Ihren ersten Platz behalten. ö! würde Ihre Hoffnung die meinen gantzen Wunsch enthält, erfüllt! wie würde ich euch an mein Hertz drücken, und seinen gantzen Seegen über das eurige ausgiessen! Gott! welche seelige Stunde! ach komme, komme bald! Da will ich aber Herdern nicht mit seinen **Verehrungen**, nein, mit seiner gantzen Freundschaftsliebe die Sie für mich haben wollen, sehen. Sie sehen wohl ich habe **meinen Mittelpunkt** noch nicht meine Arme strecken sich noch überall nach Freunden aus, auch unsere Hessin, diess liebe dritte Blättgen muss dabey seyn wann ich Euch umarme soll ich gantz glücklich seyn. o wann diesses englische Weib mir nicht Ihre Stelle verträte, was, fienge ich verwaisstes Mädgen an? Sie wollen so umständlich von meinem Leben und Glückseeligkeit darin wissen, und Sie sind so kurtz in der Beschreibung des Ihrigen. Sie sagen «ich werde immer glücklicher» gut, aber ich möchte Sie auch gerne in den kleinsten Wegen die Sie dahin führen, begleiten, ich möchte auch **Theil daran nehmen**. aber nicht wahr? Diess liebe Glöckgen steckt so voll, dass es nicht mehr tönen kann nu so leeren Sie einen Theil davon in mein Hertz aus, ich will es wie Gold aufsammeln und mich dabey bereichern. und was soll ich Ihnen von meinem Leben sagen? es ist so einfach, dass ich es Ihnen nicht zergliedern kan. meine Muter und Schwester machen fast meine lebende Gesellschaft aus, meine übrigen suche ich unter den Todten, einen einigen Freund habe ich für meinen Geist, und leider! **vielleicht** verreist er bald, es ist auch ein geistlicher der seiner Bestimmung folgt. Der grösste Theil meiner Glückseeligkeit besteht in dem Bestreben immer tugendhafter zu werden, meinen Geist heller, und mein Hertz besser zu machen, meine Freunde glücklich zu sehen, und es mir oft, oft von ihnen sagen zu lassen (sehen Sie also wie viel Sie dazu beytragen können!) nur euch liebes Kleeblättgen möchte ich um mich wandeln sehen, dann wollte ich fragen, was fehlt mir noch? wie schön sind Sie nicht dass Sie mir sagen, Sie wären gantz gesund, auch diess gehört in meinen Plan. Sie haben auch Freunde um Sich, diess sagt mir Fr. Hessin, wann Sie es schon nicht thun. Denken Sie Hr. R. R. Kern der wenig Monate vor Ihnen geheurathet, ist schon 14 Tage Vater von einer Tochter, und Sie, sitzen so müssig er sagte mir diese Woche mit einer Mine davon jeder Zug gantz Gefühl war, |: wir waren lauter ledige beysammen :| «sie können alle sich die Vorstellung nicht machen von den Empfindungen die ein Vater, eine Muter bey ihrem Erstgebohrnen hätten» warlich Sie müssen Ihrer edlen Seele auch diesse seine Wollust geben. ich plaudere Ihnen genug, aber ich muss mich schadlos halten wie ich kan. Sie dörfen und können nicht bösse werden; warum lassen Sie Zeit so vielen Vorrath zu samlen. Morgen soll das Kleid abgehen. ich habe alle meine **Mütterliche** und **schwesterliche** Treue zusamen gepackt, und sie mit in den Laden genommen, wo ich das schönste Tuch so zu haben war für Ihr göttliches Männgen ausgenommen, ich wünsche dass Sie es eben so schön finden mögen als der Schneider und ich. es ist der nehmliche der auch das Vorige gemacht, und er besinnt sich noch gar zu wohl, viele Stunden bey Herren Herder zugebracht zu haben. er sagte mir er seye die Vernunft und die Leutseeligkeit selbst gewesen |: glühet Ihnen Ihr Hertz nicht? meines that es :| erst den Tag eh ich zu ihm kam hatte er das Maas verrissen, er getrauet sich aber ohne dasselbe ihm ein gerechtes Kleid zu machen, so wohl besinnt er sich ihn noch, und ist gantz mit dem Ihrigen zufrieden. Die Strümpfe sind theuer sie sollen aber gut seyn, und diess sind die wohlfeilsten. nur das alles Ihr Hoffen und mein Wünschen erfülle, so wünsche ich mir glück, dass auch in Bückeburg Sie mich brauchen können. Haben Sie nun viel so Bedürfnisse, so bekomme ich viel Briefe von ihnen. ich dencke gewiss öfter an Sie, als Sie es thun können, aber dies ersetzt mir meinen Verlust nicht gantz. ô entheiligen Sie Ihre Versicherungen nie, ich bin verlohren wann Sie aufhören Ihre ewige und einige Luise zu lieben.

6.

Strassburg d. 11t Aprill 1774.

Nu so fliege Brief! von einem Ecke des **Vaterlands** zum andern! sage dem edelsten, dem besten Paare; dass sie mich zu glücklich durch alle ihre Liebe machen. ja Ihr Kinder, Ihr macht mich stoltz, mein Hertz erhebt sich über seine Kräfften, ich glaube würcklich das zu seyn, wornach ich nur noch streben muss. wie kan ich Herdern die Freude verdancken, die er mir durch seine Zuschrift gemacht hat? nun ist mein so langer, sehnlicher Wunsch auch erfüllt! ja, ja! **das Leben entwickelt von Tag zu Tag ungeahndete und unvorgesehene Freuden!** er hat mir diesse Wahrheit recht fühlbar gemacht, aus ihr will ich auch meine Hoffnungen für die Zukunft schöpfen. ja ja, ich sehe Euch noch, mein Hertz sagt es mir — ob ich es auch gerne thue? welche eine Frage! gehört sie wohl hierher? wann ich nur böse auf Sie seyn könnte! hätten Sie mir Ihren Herder nicht zum Freunde gemacht, wie wollte ich mit Ihrem misstrauischen Hertzen umgehen. ja, meine Hessin hat hierinn ein besseres Hertz wie Sie. sie sagt meine Luise liebt mich: wie kan es ihr anders als wohl seyn, wann sie mich von Angesicht zu Angesicht siehet? warum wird sie nicht alles thun wollen, das ihr diesse Wollust verschaffen kan? so machen es Freunde, sie fragen nicht lange, sie sind ihrer Sache gewiss — nu genug hiervon. ich mag noch so böse scheinen, Sie glauben es doch nicht. Ihr seyd beyde Engelskinder, wann schon unsere liebe Fridericke[1] schlimmer seyn will als sie ist. |: eine seltene Tugend an einem Frauenzimmer :| lassen Sie diese Stelle Ihren Mann nicht lesen, dann mich deucht er guckt zuweilen auf Ihr Geheise in meine Sudeleyen, die nicht für so helle Augen gehören — seegnen Sie uns nur, mich dass ich würcklich das werde, für das sie mich ausgibt, sie, dass sie ihrem Verdienste mehr Gerechtigkeit widerfahren lasse, und nicht so blöde auf sich h e r a b sehe. diess ist das einzige was ich an ihr zu schelten weis. Gott! wann kommt die Stunde? wo ich Euch alle an dies Hertz das so gantz gantz Euer ist, mit Freuden drücken kan, und alle alle denckbaren Empfindungen davon es überströmt in Euch ergiesen kan. ach kommet hierher! ich will Euch auf alle die Plätzgen, wo ich Euch schon so oft hinseufzte führen. Da wollen wir Gelübde der Freundschaft schwören, und ihr opfern!

Und nun meine Geliebte! wünscht auch mein Hertz Ihnen Glück und dem zärtlichsten Manne, zu der feyerlichen Begebenheit davon Sie mit H o f f n u n g a h n d e n. ach sie gehe glücklich vorüber die Stunde, die Ihnen so herrliche als neue Sceenen aufdecken wird! seegne Gott diess Keimchen! seegne die Mutter die es trägt! — Gott seegne auch Ihre himmlische Gräfin, die Sie an ihr, eine wahre Freundin finden lässt. wie erhaben ist

---

[1] Friederike Flachsland, zweite Tochter des herzogl. württemberg. Amts-Schaffners Johann Friedrich Flachsland, gest. 8. März 1801, Gemahlin des Geh. Rats Andreas Peter v. Hesse s. Geneal. Taschenb. d. adel. Häuser Jahrg. IX S. 181; vergl. Darmstädt. Frage- und Anzeigenblatt a. 1801 d. 16. März N. 11. S. 4.

sie mir, dass sie auch das Verdienst so nicht im G l a n t z e erscheint zu schätzen weis. ist sie vermählt? und hat sie auch Kinder? ja wohl gibt es auch Manna in der Wüsten. ich kan Ihnen nicht sagen, wie grossen Theil ich an diessem Ihrem Glücke nehme. hier möchte ich jetzt gerne Ihrem allerliebsten Mann und m e i n e m F r e u n d e selbst für seine Herablassung dancken. aber ich darf nicht. thun Sie es für mich, mit dem feurigsten Kuss den er jemahls von Ihren Lippen bekommen. sagen Sie Ihme zu dem allen was er schon von mir weis, auch dies, dass ich nicht so lange wie Er sagt, mit der Knüpfung des so schönen Bandes warten kan, es wartet schon lange auf Seinen Willen — so seye es dann unauflöslich zusamengezogen, und so verwahret dass kein Feind dazu kommen kan! ich bin nicht so blöde wie Er — warum wohl — ich weis dass ich nichts dabey v e r l i e h r e er will mich seegnen, feyerlich seegnen, sagen Sie, wann er seinen Rock anzieht? bin ich es nicht schon genug, dass ich e t w a s für Ihn thun können, und Er mir selbst sagt dass Er mich liebt und m e i n e L i n a glücklich macht. auch für dies umarmen Sie Ihn — doch, seyd Ihr nicht eines des andern werth? ja! ja! ja! Nicht wahr, mein Freund Sie sagen Amen! dazu? Der Brief ist bestellt H. König sagt Sie werden das Verlangte schon empfangen haben. Zum Uebersetzen kenne ich hier verschiedene ich habe auch einen gefunden der die Arbeit übernähme. da aber ein jeder nur in seinem Fach geschickt ist, so müsste man wissen in welches das zu übersetzende gehöre, ob das Werk gross ist oder nicht. ich habe auch H. Aktuarius Saltzmann, den Hr. Herder durch Hr. Götte[1] seinem Freunde kennen soll, gebeten, sich nach einem tüchtigen Mann zu erkundigen. vieleicht wäre es gut wan Sie ein Blatt zur Probe übersetzen liesen. ich erwarte hierauf die gütigen Befehle Ihres Mannes, die ich mit aller Sorge bestellen werde, um mich Seines Zutrauens nicht unwürdig zu machen — und nun ein Wörtgen von unserer lustigen Rehfeldin, diesse plagt mich ihr einen Brief von Ihnen zu verschaffen, ich habe ihr aber gantz natürlich gesagt, dass ich fast keine mehr bekomme, was sie daran gedencken mag |: ich wusste da nicht dass Sie mir so bald wieder schreiben wollten :| sie ist schon Muter von 4 Kindern geworden, hat aber nur noch eines. Hr C. D. haben wir kürtzlich als Tod an

---

[1] So schreibt Luise König stets für Gœthe.

einem Steckflusse beweint, sie sieht aber wieder in dieses
Leben zurück, wiewohl mit einem halb gelähmten Arm und
Fuss, doch hat Hr D. Spach die beste Hoffnung zur wieder-
genesung. meine Mutter ist auch wieder von tödlichen Kranck-
heit gantz gesund. sie danckt Ihnen mit meiner Schwester für
Ihr gütiges Andencken, und empfiehlt sich Ihnen auf das neue.
— lebèt wohl, glückliche Bewohner und die Zierde West-
phalens! ein gantzer Himmel voll Seeligkeit umströme Euch.
Da da ist das gelobte Land wo die Zufriedenheit wohnet!
Luise Königin.

7.

Strasburg d. 27t junii 1774.

Nur gerade heraus mit der Sprache! dann ich spühre doch
in allen Gliedern, dass Sie des Schreibens an mich müde sind.
die fürchterliche Frage «was hätte ich auch wohl an eine
Freundin aus Westphalen zu schreiben»? u. die grosse
Gewissenhaftigkeit Ihrem ungebohrnen Geschöpfchen zärtliche
Empfindungen gegen mich anzuhängen | : dann das schreiben
können Sie ihm dadurch nicht beybringen, es gehört ein starcker
Gelust dazu, u den haben Sie ja nicht : | heissen doch nichts
anders als gutes Luisgen.» Du hast dein Gutes in deinem
Leben genossen; lass dir an meiner Gnade genügen; zu sagen
hat mein Hertz nichts mehr **für dich**, u. s. w. nicht wahr
diess ist der Verstand von ihrem bössen — u doch lieben
Brief» ob ich es aber für gut aufnehme, ist eine andere Frage.
ich wollte Sie kämen wieder nach Darmstatt zurück da war
Ihr Hertz eine **Welt** für gute Freunde, aber **seit** Sie in dem
verwünschten Westphalen hucken hat es sich so zusamen
gezogen, dass nur ein einziger Herder Platz darin hat. ich
lasse mich aber so leicht nicht abweisen. u sollte ich nur ein
Plätzchen wie eine Erbse darin finden, so will ich mich so
feste darauf setzen dass auch ein Herder mit seinem gantzen
Verdienst, und Sie mit Ihrem Kaltsinn mich nicht daraus
treiben sollen. es ist genug, wann ich den Platz den ich vor
ihm besessen, räumen **muss**. die gantze Güte u Ueigennützig-
keit meines Hertzens muss ich auffordern, um nicht eifer-
süchtig darüber zu werden. aber der Kuss von ihm den **Sie**
mir versprechen soll mich gewiss von allem Schadlos halten?

wan? u wo? werde ich ihn aber zu hoffen haben? dass es Gott erbarme! welch langwierige Aussicht — So lassen sich dann die Glückseeligkeiten des ehelichen u häusslichen Standes gar nicht beschreiben? wan man es aber nicht selbst schmecken u fühlen kan, wie will dann Theil daran nehmen? nicht wahr? Darum gilt es Euch gleich viel. Euch selbst die gantze Welt, liegt Euch nicht viel an den Ubrigen zerstreueten Fetzen davon — aber stille hiervon u noch ein Wörtchen von dem verrächtlichen Tone, in welchem Ihr elende Westphälinge von uns Strassburgern redet. wie gross ihr nicht mit Euern Nachtigallen thut! wir haben ihrer auch. u sind dabey mehr als Dorfjuncker. die Frühlings Sonne genossen wir schon lange, jetzt leben wir in dem fruchtbaren Einfluss des Sommers davon Ihr leider kaum das Daseyn empfindet, und die Brodsamen die von unserm Tische fallen, gantz froh aufleset. nein! nein Ihr guten Kinder, so lange Ihr unserer Hülfe bedürfet, steht Euch die Demuth viel feiner an. dass Ihr einen Pyrmonter bronnen habt? was habt Ihr wohl noch viel mehr! doch seegne ihn der Himmel an Euch, dass Ihr gesund an Leib u Seele werdet.

Meine Tante weis dass Sie sie lieben, ich habe es ihr schon lange gesagt. vorigen Mittwoche ist sie nach Wiessbaden verreisst, das ihr die Lähme an dem lincken Arm u Fuss wegnehmen soll. sie ist höchst elend!

Nächstens gehe ich auf Buchsweiler, da will ich der Rehfeldin die tröstliche Stelle für sie u mich vorlesen. ich hätte gerne mit meinem Brief biss dorthin gewartet, um auch gleich ihre Meinung dazu zu setzen, aber Ihr sollt meinen Seegen mit nach Pyrmont nehmen, u von dort aus käme er zu späth. — froh bin ich doch dass ich einen Theil von Euren Kindersächelchen besorgen darf. dazu sind wir verrachtete Strassburger gut — wan Westphalen Sie nicht auch vergesslich gemacht hat, so sollen Sie noch wissen dass ich die Nachricht von Ihrer Vermehrung des Menschengeschlechts von Ihrem Manne haben will. ich packe dan mein Hertz in beyde Hände, u antworte ihm selbst so zierlich ich immer kan. es liegt mir doch noch ein grosser Stein auf dem Hertzen, den ich in meinem letzten Brief abzuwälzen vergessen. seine Freundschaftliche Wünsche ins Vergangene habe ich unbeantwortet gelassen! und die muss ich ihm noch verdancken. Ihnen nicht; Sie sind Schuld an meinem Unglück wan Sie Sich jetzt schon klaglich darüber stellen; jetzt ist der Schade unersetzlich —

doch hier ist der Kuss der Versöhnung, ich muss Sie doch
lieben und — ach mein einziger Wunsch! an diess Hertz
drücken   Luise.

Künftige Woche bekomme ich Ihres Herders **Geburt**
zu lesen — wie jammern mich Ihre Augen bey dieesser ge-
flossnen Schrift! aber ich sahe es zu späth u habe nicht Zeit
den Brief umzuschreiben.

8.

Für meine Herderin.

Westhoffen d. 20t 9bre 1774.

Dass doch das liebe Mütterchen so viele Entschuldigungen
für die **geschäftige** Freundin hat! was will ich mit Ihnen
anfangen? Sie sind meine eigne Herderin, u bleiben es ewig
wie Sie auch mit mir umgehen mögen. Sie haben Sich so feste
an mein Hertz geklammert dass keine Macht Sie Selbst nicht,
Sie von mir lossreissen kan. was wollen Sie mit meiner Hand
thun? ach die ist ja leider viel zu kurtz an die Ihre zu reichen!
behalten Sie dafür mein Hertz. seine gantze Fähigkeit zu lieben,
sey Ihnen Bürge dass es nie bösse seyn kan; wohl aber ein
Glück entmangeln, dass es so lange u oft genossen hat. —
ja der kleine liebe Gottfried,[1] der soll Frieden stiften! wer hat
wohl anders diessen Brief veranlasset wie sein Vater? u diesser
ist ja des **Vaters Ebenbild.** doch auch er sey mir geseeg-
net! er verdoppelt die Glückseeligkeiten u die Freuden meiner
Freundin, warum sollte er es nicht auch für mich thun? ja
dreymahl glückliches Weib! seelige Mutter! auch weit entfernt,
sehe ich deinen süssen Entzückungen zu. bald sich den Vater
bald den Sohn an das laut schlagende Hertz drücken, und Sich
in ihnen seegnen. o Gott! ewig lasse diesses Glück auf meinen
liebsten besten u einigen Freunden ruhen. der Geist des Vaters
zeige sich zweyfältig an den Sohne damit die Mutter sich auch
in **diessem Ebenbild** freuen kan. ja freylich hat mir
meine liebe Hessin |: die mir Ihren Verlust so treulich er-
setzt :| alles was die Ankunft des lieben Männchen betrifft,
gesagt, sie ist eine treuliche Fürsprecherin für Sie geworden,
auch diess vermehret meine Liebe für sie wie oft besuchen Sie

---

[1] Gottfried Herder, geb. 28. Aug. 1774.

nicht unsere gemeinschaftliche Wünsche, u wie oft begleitet Ihr beyde mich nicht auf meinen einsamen Spatziergängen! ich habe zwar dieses Jahr die beste Zeit nicht genossen; einen gantzen Monat lang | : und diess war der Herbstmonat : | war ich an Geschöpfe ohne Seelen gefesselt, die bloss das Landleben wegen seinen Namen lieben aber seine Freuden verkennen. u andere sie auch vergönnen u. vergällen. jetzt da die gantze Natur ihre Winterkleider angezogen lebe ich mir selber, ich bin heiter u zufrieden, wann auch schon der Himmel weinet; er bereitet mir ja nur neue Freuden für die Zukunft, ich sitze beym warmen Ofen, u denke an Freunde die eben so fühlen wie ich. ja wohl! könnte ich Euch zu mir rücken! froh wollte ich ausrufen : gib mir die Welt, und frage mich wo meine Seeligkeit ist; ich drückte Euch an meine Brust — hier, hier in meinen Armen! — wie bald solltet Ihr hier in unsern fruchtbaren Thälern, u heitern Bergen, Eure kalten und öden vergessen, meine Lieblings Plätzchen würden auch die Eurigen, ich weis es. mit welcher frohen Seele wollte ich Euch die freundschaftlichen Hügel weissen, die ich unsrer Liebe geheiligt habe; Hütten wollten wir ihr da bauen, u sie oft, oft besuchen ö Gott schon deucht mich, ich sitze mit Euch auf meinem hangenden Felsen — wie viel gutes hat uns nicht Gott auch an unsrer Einbildungskraft gegeben! wie viele schöne Stunden habe ich ihr nicht zu verdancken! u wo Ihr das Eure redlich dazu beytruget. sehet so seyd Ihr mir auch weit entfernt, nahe. u was mir die Schickung versagt, ersetzt mir meine freundschaftliche Schwärmerey. lebet wohl glückliches Paar! Kein Unfall verdunkle Eüer reines Leben; geniesset das gantze Glück Vater — Mutter zu heissen. und ritte auch Herder einstens mit seinem Jungen auf einem Stecken Pferde, so ist er mein verehrungswürdiger Freund, wie ich ewig Eure gantz eigne Luise bin.

9.

à Madame
Madame Hess née Flachsland à Darmstadt.

Stras. d. 20t Hor. 75.

Ich habe Ihnen vorigen Posttag nicht geschrieben, weilen ich keine Laune dazu hatte, es war mir gar nicht wohl ich war düster u mit einem Wort, nicht so, wie ich gerne zu

Ihnen komme. jetzt aber siehts besser aus, die schönen u seltnen Sonnen Blick die wir hatten drangen sich mir biss ins Hertz, ich lief ins freye Feld, athmete Frühlings Luft, u wurde wohl u heiter. ich hoffe Sie haben es eben so gemacht? Gottlob dass Sie auch wieder heiter seyn können. Ihr Hr Bruder ist wieder gesund, u er bleibe es immer! der guten u lieben Bückeburger ihr Leiden habe ich tief in der Seele gefühlt, ö Gott! was für ein Schmertz für diesse zärtliche Aeltern. aber auch was für eine Freude jetzt wieder; freylich ist das liebe Kind ihnen jetzt ein neues Geschencke, das sie aber sehr theuer zu stehen kam, nie, nie, empfangen Sie es wieder auf diesse Art, ihre Freude seye lieber, sanfter u ohnunterbrochen. was ich dem lieben theuren Mann schon gedanckt habe für die schönen Stunden die er mir durch sein Buch gemacht! sagen Sie es ihm doch, es muss ihn doch freuen wann er andre glücklich macht sind es schon Ungelehrte. Das Licht u die Morgenröthe ist mir jetzt noch weit weit herrlicher, u den ersten schönen Sommer morgen will ich ihm, den Empfindungen die er in mir lebendig gemacht, u dem Schöpfer heiligen. ich habe fast alles von ihm aus dem Musenall[manach] meiner Samlung einverleibet; ja er u sein Weib sind auch ein Goldgebürge in einer nackten öden Wüste. vieleicht gönnt sie uns auch noch die Vorsehung, von Strasburg hoffe ich zwar nichts, es geht ihnen wie dem der Klopstocken in seiner Höhe nicht sehen konnte,[1] wan sie auch auf alle ihre Verdienste stünden, so müsste sich Herder noch weit herunter lassen um von ihren kurtzen Gesicht erkandt zu werden. von unsrer lieben Schlosserin[2] habe ich jetzt schon lange kein Briefgen mehr bekommen, ich verzeihe es ihr aber in der Unruhe die sie jetzt quält, ja könnten wir ihr gemeinschaftlich helfen! ö Gott! bloss der Gedancke macht mein Hertz für Freude zittern. Schatten oder was Sie auch wären, erschienen Sie mir nur so wie Sie sind. ich liebe ja nichts Sinnliches an Ihnen, u Ihr Hertz brächten Sie gewiss mit. ach nur ein paar Tage um Euch alle meine Lieben so wäre mirs auf lange genug. ich möchte unsre Schlosserin näher kennen, sie ist sehr zurück haltend in ihren Briefen, vieleicht

[1] Anspielung auf Gœthe in Lenzens Pandæmonium germanicum (Lenz' Schriften III S. 210). Lenz war also schon damals mit Luise König bekannt.

[2] Cornelie, Gœthes Schwester, Gattin des Hofrats Schlosser in Emmendingen bei Freiburg.

weil sie zu beschäftigt ist, wann es nur nicht Kälte gegen mir ist, dann ich möchte von ihr geliebt seyn. also hat sie ihnen geschrieben u v[on m]ir [ger]edt. ich hoffe sie thut bald ein gleiche[s gegen mic]h. diesse Woche hatte ich eine falsche F[reude m]an sagte mir der gantze Carlsruher Hof sey hier, ich freuete mich auf die Bachmännin u siehe — es war ein eitles Gewäsche. es heisst schon lange sie kämen alle hierher, dann sehe ich auch eine Ihrer lieben, u Sie in ihr. ja kämme mir der ärgste Bettler, wann er nur, sagte er komme von Ihnen, Sie liebten ihn, ich liebte ihn gewiss auch. ich glaube gleich ich sehe Sie selbst — diess sind Ihre Schatten meine liebste beste. wann sehe ich einmahl das Urbild! heiter seye Ihr Himmel u Hertz, so ewig wie ich Ihre Luise bin.

10.

Strassb. d. 12t Aprill 75 Nachts um 11 Uhr.

Heute kan ich Ihnen nicht schreiben, meine ewig geliebte Caroline! wir haben Fremde im Hause, es ist Charwoche, morgen grün-Donnerstag, u diessen Nachmittag habe ich in Ihren lieben lieben Comissionen verbracht, aber — nichts gekauft — das Tuch ist seitdem ungleich theurer worden, seit das Ihre gekauft ist.

ob mir Ihr Brief Freude gemacht? diess sage Ihnen Ihr Hertz, u belohne Sie dafür. es liebt zärtlich, u weis wie das meine liebt. —

Ja die Schlosserin u ich kennen einander, lieben einander — fast alle Wochen schreiben wir einander, aber jetzt habe ich schon seit 14 Tagen keine Nachricht von ihr. ich hoffe nicht, dass es wegen Kranckheit ist. mein Hertz wünschet es nicht. sie kränckelt aber, u badet. sie ist sehr unruhig, u richtet noch an ihrem Haus ein, von dem sie mir den Plan versprochen. Ihnen, u unsrer besten Fridericke verdancke ich diesse herrliche Bekandtschaft. Gott seegnet Sie ja jetzt schon, u seegne Euch ewig in Euren Männern, u Kindern dafür — Eure einfachen stillen Freuden, sind sie nicht eine gantze lärmende Welt werth? — Sie haben eine Mutter! eine Freundin! einen Mann, der gantz Mann ist. den Sohn Ihres Hertzens! — o warum kan ich nicht zu Euch, wie zu meiner Schlosserin gewiss theilete ich Eure häusslichen, reinen Freuden.

Im May gehe ich nach Buchsweiler; nach Ostern auf
mein Westhoffen. in dessen habe ich einen Freund im
Hause, Lentzen der Verdienste hat, u mir viel herrliche
Stunden macht. sonst lebe ich wie immer; heiter, zufrieden,
oft im Sturme, selten stille, wie ich gerne bin, aber immer
mit meinem Schicksaale zufrieden, weil es Schicksaal ist die
Zwillinge von der Rehfeldin sind gestorben; drauf kam ein
Mädchen, das noch lebt; das letzte war wieder ein Bube, der
nur 3 Wochen gelebt; jetzt ist sie seit einem Jahre frey,
kränckelt aber an Blutspeyen, ist aber immer die muntre,
naivste Frau, wie sie auch als Mädchen war — ich bin froh
dass ich über Ihre Comissionen ungewiss bin. Sie müssen mir
doch wieder antworten. Ihrem Mann sagen Sie, u thun
Sie für mich was Sie wollen, meine gantze Verehrung können
Sie nie ausdrücken — meine Liebe für Sie können Sie fühlen
.   Luise.

11.

Stras. d. 18t May 75

Auch nur im Fluge komme ich zu Ihnen meine Theure.
ein Aufenthalt von 3 Wochen in Westhoffen, im May, u
jetzt wieder eine Reisse nach Buchsweiler, da mir jeder Augenblick den Aufbruch droht, zerstreuen mich so, dass ich kaum
mehr zu athmen weis. Ihr liebes liebes Briefgen hat mir u
Lentzen Leben und Seele gegeben. ich empfieng ihn zu West-
[hofen] mit einem von ihm, las sie im Wald, in meinem
Elysium, ein Gebüsch, wo hier u da eine alte Buche mit Moos
bewachsen u Epheu umschlungen steht, davon der Fuss von
einer mein Sitz war, die Wohnung der Nachtigallen, Mayblumen
die Erde bedeckten, zu meinen Füssen ein Wässergen mur-
melte, u die Wiese u Weinberge meine Aussicht begräntzten.
hier fand ich Ihre alte Seele gantz in Ihrem Briefe wieder, u
weihete gleich den heiligen Ort unsrer Freundschaft.

Lentz weis Ihnen nichts würdiges genug für Eure beyder-
seitige Achtung zu sagen u will desswegen nichts zu dem
Päckgen schreiben das er mir in den meinen, für Ihren u | : mit
Ihrer Erlaubniss : | meinen Herder gelegt hat. Ich soll es
für ihn thun, seine Empfindungen würden durch den Ausdruck
geschwächt — u doch soll ich sie ausdrücken — er
ist die zärtlichste, empfindsamste u bescheidenste Seele,

ich schätze ihn hoch, u auch das Glück, einen nahen Umgang mit ihm zu haben — unsre Hessin hat mir Ihren, und Ihres Manns Schatten versprochen, ich hoffe Sie sagen Amen dazu, Sie sollen neben Klopstocken u Schlossern hängen. Lentz freut sich sie zu sehen da er das Urbild nicht sehen kan, auch ihm würden Sie ein grosses Geschencke damit machen. ich hole ihm zuweilen einen Ihrer Briefe aus meinem Schatzkästgen, da beneidt er mir mein Glück, das aber leider sehr klein geworden.

Unsere Schlosserin liegt schon lange an einem Nerven Fieber elend kranck, sie war gantzer 8 Tage frey davon, gestern aber schrieb sie mir nur mit Bleystift aus dem Bette, dass sie wieder so arg wie je läge, u kein Vertrauen zu den Artzeneyen hätte die sie ohne Zahl nehmen müsste. die gute Frau! der arme Mann! freylich verdient sie mehr Glück. ihre gantze Lage passt nicht auf sie ich kan nichts als über sie jammern. — Vorgestern ist Ihr Päckchen fort. die Stickseide ist so wie man sie hier hat, u braucht. was nicht anständig davon ist kan wieder geschickt, oder ausgetauscht werden. den toile de coton habe ich so wohlfeil u dün genommen als ich ihn haben können vieleicht ist es etwas mehr als Sie brauchen ich wusste aber die Länge von Rock nicht was übrig ist werden Sie wohl für den Kleinen lieben Buben brauchen können. Warum kan ich ihn mit seinen lieben Aeltern nicht mit einem vollen heissen Kuss seegnen!

biss Sontag sehe ich die Rehfeldin, wo ich ihr alles liebes und Gute von Ihnen sagen werde.

eben kommen Briefe an, dass mein Oncle heute kommt. jetzt stürmt es in meinem Kopfe. Leben Sie wohl.

Luise.

12.

à Madame
Madame Hess née Flachsland à Darmstadt.

Buchs. d. 31t [Mai]

Endlich meine Liebe komme ich auch wieder zu Ihnen; seit 14 Tagen konnte ich nur an Sie denken. nun bin ich hier, unter Freunden die mich zärtlich lieben; alle Tage in der Gesellschaft des verehrungswürdigsten Mannes, der mir um so viel lieber geworden, da er auch meiner Freunde Verdienst schätzt, u kennt; Hr v. Rathsamhausen[1] hat den Tisch bey meiner Tante u sie macht auch seine einige Gesellschaft, sie verdient es aber auch; dieser hat mir sehr viel liebes u gutes von Ihnen u unsrer Herderin gesagt; urtheilen Sie wie freudig mir da das Hertz schlug! ich soll ihn in Ihr beyderseitiges Andencken zurückrufen wan ich an Sie schreibe, ich hätte ihn gerne dafür geküsst, gedanckt habe ich ihm dafür, u ewig soll es mein Hertz thun — dencken Sie ich habe Götteen[2] nicht gesehn, er kam den Tag vor meiner Abreisse. Lentz versprach ihn mir den Nachmittag zu bringen, ich sah aber niemand. Lentzen sogar sah ich nicht mehr u habe nicht einmahl Abschied von ihm genommen, zum Glück sagte ich ihm im Vorbeygehn von Herders u seiner Fr. Schatten, er sagte mir,

[1] Regierungsrat und später nach Kern Präsident in Buchsweiler.

[2] Gœthe kam, was er in Dichtung und Wahrheit wohl in Rücksicht auf sein früheres Verhältnis zu Friederike Brion und sein späteres Zerwürfnis mit Lenz verschweigt, auf seiner Schweizerreise im Sommer 1775 zweimal, und zwar Ende Mai und Mitte Juli, nach Strassburg, um seinen Freund Lenz zu besuchen; s Gœthes Briefe Weim. Ausg. 333. Die herzensgute Friederike, die sicher durch ihre zahlreichen Verwandten und Bekannten von Gœthes längerer Anwesenheit daselbst gehört hatte, trug es ihm nicht nach, dass er sie nicht besuchte. Vielmehr that es ihr leid, dass Gœthe, was ihr vielleicht Lenz zur Entschuldigung seines Freundes gesagt oder geschrieben hatte, noch immer so grosse Trauer um sie im Herzen trage, dass er seine frisch vernarbte Wunde nicht wieder durch einen Besuch habe aufreissen wollen. Daher das Gedichtchen im Juliheft 1775 der «Iris»:

Freundin aus der Wolke.

Wo, du Reuter,
Meinst du hin?
Kannst du wähnen
Wer ich bin?
Leis' umfass ich
Dich als Geist,
Den dein Trauren
Von sich weist.

Sey zufrieden
Göthe mein!
Wisse, jetzt erst
Bin ich dein;
Dein auf ewig
Hier und dort —
Also wein mich
Nicht mehr fort.

Dass Lenz, welcher als Kollekteur in so engen Beziehungen zur Iris stand, dies Gedichtchen in die Iris gebracht hat, liegt sehr nahe. Dass aber Friederike es verfasste, was schon Falck, Friederike Brion S. 38, vermutete, ist nach Stimmung, Einfachheit und dem Provinzialismus, «wohin meinst du?» nicht so unwahrscheinlich als die Kritik im Gœthe-Jahrb. 1885 S. 417 angenommen. Der Strassburger «Bürgerfreund» 1777 S. 490 klagt über den Paroxismus zum Dichten, der selbst «das Frauenzimmer» ergriffen habe. Auch Cleophe Fibich dichtete in Lenzens Stammbuch, und Friederike Brion war, wie ich anderwärts zeigen werde, nicht das naive Landkind, sondern bei ihrer bezaubernden Liebenswürdigkeit die für Litteratur schwärmerisch begeisterte Pfarrerstochter des vorigen Jahrhunderts.

davon können sie mit Göthe am besten selbst sprechen. ich will
ihm aber davon sagen; nun weis ich nicht ob es geschehn.
was für Freude für seine Schwester wann sie den besten
Bruder sieht! Gott lasse es ihr an Leib u Seele gedeihen! ich
möchte gerne wissen was sie macht, sie u wegen ihr, ihr Man,
liegen mir sehr an. hat Ihnen dann Göthe was von mir gesagt
als er bey Ihnen war, dass Sie mir sagen «nun werden sie ihn
gantz kennen lernen»? es ärgerte mich dass ich gerade fort
musste als er kam — den Claudius habe ich noch nicht ansehen
können, ich war zu sehr verstört. Danck für Ihre Sorge u Mühe
— ich bin nun schon 8 Tage hier u weis nicht wie mir ge-
schieht. was vermag doch Freundschaft u Zufriedenheit nicht!
wünschen Sie mir Glück. u seegen Sie mich mit Ihrer gantzen
Liebe — mein Leib u Seele ist Ihr Eigenthum
Luise.

die Rehfeldin ist bey mir u küsst Ihnen mit der wärmsten
Freundschaft, sie ist immer die lustige Frau.

13.

à Madame
Madame Hess née Flachsland à Darmstadt.
Buchs. a. 14t junii 75

Ich dachte das Andenken von Hr. v. Rath[samhausen]
würde Ihnen Freude machen, meine Seele war stoltz auf Freunde
die die gantze Achtung eines so Verdienstvollen Mannes hatten,
u darum hat er mich noch näher an sich gezogen ich freue
mich allemahl auf die Stunde wan er komt u graut mir für
der wo er fort geht es ist so alles gantz Seele wann er spricht,
leider thut er es sehr wenig ich sammle aber alle Worte wie
Gold auf, u bewahre sie. Lentz hat mir auch geschrieben; die
Achtung von Herder u seiner Frau rührt ihn gar sehr, er sagt
mir «ich bitte sie sagen Sie doch der theuren Herderin viel
Gutes von mir, u welche Aufmunterung u Erquickung mir ihr
Beyfall ist. ich wünschte ich kennete ihren Geschmack u könte
für sie allein ein Stück schreiben, sie sollte mir so viel werth
sein als das gantze Publicum. sagen Sie ihr ich habe eine
Lucretia geschrieben, vieleicht dass Göthe sie drucken lässt. sie
möge alsdann auf die Sceenen acht haben in welchen Flavia
vorkommt u mir ihre Meinung darüber wissen lassen. ihr

Gefühl allein soll mir der Probierstein all der weiblichen Characktere sein die ich mir vorzüglich geglückt glaube» — Den guten Menschen freut jede Achtung des Vernünftigen so inniglich u er ist dabey so blöde, so bescheiden, mein Tage habe ich keinen Autor so gesehen. haben Sie die Recension im Mercur[1] über ihn gelesen, sie ist sehr bitter, u wie mich deucht zu voll Galle er redet auch verdeckt davon in seinem Brief. er war mit Götte bey der Schlosserin[2] u. kan nicht sagen was für Wunderwürkung sein Anblick auf ihre Seele u Cörper gemacht haben. sie gieng gleich den andern Tag mit ihnen spatzieren u soll jetzt gantz wohl seyn. ò warum müssen solche Menschen von einander getrennt seyn! haben Sie ihn dann bey seiner Wiederkunft gesehen? was muss das für eine Trennung gewessen seyn! gütiger Himmel! leben Sie wohl meine Beste, ich muss aufhören, ich habe ein erstaunendes Kopfweh — dencken Sie vorige Woche bin ich biss 11 Uhr im Mondschein spatzieren gegangen. das war ein herrlicher Abend — das Geld habe ich empfangen mit meinem besten Seegen leben Sie wohl   Luise.

[1] Die masslos heftige Kritik Wielands gegen «Lenzens Anmerkungen übers Theater», Teutscher Merkur Januar 1775 Bd. IX S. 95-96, die allerdings eine derbe Zurechtweisung verdiente.

[2] Damals, Anfang Juni, als zum ersten und einzigen Male Gœthe, seine Schwester, Schlosser und Lenz vereint beisammen waren, sind jene 3 Eintragungen auf 3 hinter einander folgenden Seiten in Lenzens Stammbuch (s. meine Schrift: «Lenz, Gœthe und Cleophe Fibich» S. 63) erfolgt. Diejenigen von Schlosser «Catharina von Siena» und von Cornelie aus dem 24. Sonnett Petrarchs sind als Mahnungen zur Vollendung angekündigter Werke aufzufassen. Lenzens «Petrarch», wahrscheinlich im Gebirgsthal von Westhofen bei Frl. König geschrieben, fällt in den Sommer 1775 (Dorer-Egloff J. M. R. Lenz S. 198) und ist ein letzter, nach der Tendenz des Gedichts wohl verunglückter Versuch der Versöhnung mit Cleophe Fibich (s. dagegen Erich Schmidt, Lenz u. Klinger S. 18 u. 47, welcher den Petrarch auf Lenzens Liebe zu Frl. Waldner v. Freundstein bezieht). Damals trug sich Lenz bereits mit dem Gedanken an eine dreijährige Reise ins Ausland, die er mit Joseph Flies, dem Sohne des Berliner Banquiers Ephraim, unternehmen sollte, und steckte auch Gœthe mit dem Gedanken an eine italienische Reise an (s. Gœthes Briefe Weim. Ausg. 345). Vgl. auch das Gedicht «Nachtschwärmerey» von Lenz bei R. Zœppritz, Aus F. H. Jacobi's Nachlass II 315, wo Albertine die Cornelie (?) vorstellt und Lenz phantasiert, als habe er sie bereits verlassen.

14.

Strass. d. 13t julii 75

Eben komme ich von Buchsweiler zurück. desswegen eine so späte Antwort auf Ihr liebes herrliches Briefchen — ja wohl Briefchen! aber liegt nicht dein gantzes, liebendes Hertz darinne, dies ersetzt mir alles — meine gantze Seele umfasst dich dafür, u seegnet laut. Amen Amen! — ich habe Freunde in Buchs. verlassen — den würdigen Rathsamhausen verlassen, ländliche Freuden — u doch ist mir wohl dass ich hier bin — ich bin in meinem Eigenthum. diess geht mir über alles — Raths. will ich soll ihn in Ihr Andencken zurückrufen, es ist ihm kostbar, er verehrt Sie, dann er kennt Ihren gantzen Werth — er hat es mir oft wiederholt ihn nicht bey Ihnen zu vergessen — diesser liebe Man! warum kan ich nicht immer um ihn leben! so einen Man — u ich heurathe noch — unsre Rehfeldin ist noch immer das muntre schwindliche Weib, aber dabey redlich u gut — ich habe ihr die Stelle aus Ihrem Brief für sie gelesen u es hat ihr wohl gethan — sie wollte mir einen Brief für Sie mitgeben, aber unter den Freuden u Herrlichkeiten des Lebens, vergass sie ihn. unsre beyden jüngern Printzen [1] waren da, die haben alles froh gemacht — hat Ihnen unsre Hessin die Stelle aus Lentzens Brief an mich, ausgeschrieben? hier ist sie noch einmahl [2] u dencken Sie diessen neuen lieben Freund verliehre ich vieleicht bald — u auf lange — hier fühle ich mich wieder in der Welt, ob ich schon in Augenblicken von oben herunter auf sie blicke — ich soll eine Fürbitte bey Ihnen für ihn einlegen — eurer beyden Schattenriss soll ihm Stärckung Trost u Freude auf seiner langen Reise seyn — wären sie auch nur halb gut — er will das übrige hinzusetzen u glücklich dabey seyn — doch hier kommt er selbst, zu bitten — zu flehen — ich will ihm noch einmahl die Conditionen weisen unter welchen er sie haben soll — aber dafür will ich davon

---

[1] Friedrich, geb. 10/6 1759, und Christian, geb. 25/11 1763; sie studierten in Strassburg; s. Matricula Serenissim. der Strassb. Universität vom 2/3 1775.

[2] Folgt die Stelle des vorigen Briefes: «Ich bitte Ihnen, sagen sie doch der theuren Herderin — die ich mir vorzüglich geglückt glaube.»

frey seyn — selbst mein Gesicht das sie kennen,[1] sagt Ihnen warum — u dazu — habe ich es unsrer Fridericke abgeschlagen sie hat die Ursachen gebilligt, sie mag sie Ihnen sagen — kriechet immer mit eurem Buben auf Tepichen herum — da wo Agesilaus unter seinen Kindern auf einem Steckenpferde herum reitet, ist er mir am grössten
·Luise.

Das Geld ist gantz recht, noch rechter dass Sie mit mir zufrieden sind.

Ich bin itzt ganz glücklich da ich das beste Paar unter der alles anschauenden Sonne auch das glücklichste weiss. Die Freude die aus Ihrem gantzen Briefe athmet würdigste Sterbliche! und die selbst mehr Tugend als Genuss ist, hat auch mein Herz das ihr nun lange schon verschlossen schien, wieder erfüllt und erwärmet. Gönnen Sie mir Ihr und Ihres Mannes — und ihres Kindes Gesichter. Wenn kein unsichtbarer Zug dem Maler die Hand führen sollte, so schicken Sie mir sie auch halb ähnlich, ich hoffe noch so viel Imagination übrig zu haben, aus dem was ich von Ihnen gelesen und gesehen mir das übrige zu ergänzen. Sagen Sie Ihrem Mann, er soll mich wenn ich weit bin,[2] unter seine Kinder aufnehmen und manchmal einen freundlichen Wunsch für mich thun. Ich kann nicht mehr schreiben. Goethe ist bey mir und wartet schon eine halbe Stunde auf dem hohen Münsterthurm.[3]
Lenz.

[1] Luise und Charlotte König waren von den Grazien bei der Geburt vernachlässigt. Die letztere besass nach der Mitteilung alter Leute verkrüppelte Füsse, die erstere hatte, wie mir Herr Spielmann mitteilte, grosse Brandflecken im Gesicht und war abstossend hässlich. Wenn M. v. Waldberg, J. M. R. Lenz, Der Waldbruder S. 29 von der Witwe Hohl sagt: »Sie ist eine ihrem Wesen nach vom Dichter frei erfundene Figur, die die Fäden der Intrigue zu halten bestimmt ist«, so hätte er a priori das Gegenteil schliessen müssen, dass nämlich Witwe Hohl inmitten historischer Persönlichkeiten erst recht eine historische Person sein müsse. In der That ist Witwe Hohl das leibhaftige körperliche und geistige Konterfei der Frl. Luise König, die übrigens Lenz auch in der «Alten Jungfer» (Dramat. Nachl. S. 196-197) mit ihrem Namen nennt und mit ihren Brandmalen porträtiert hat.

[2] Wiederum Anspielung auf jene dreijährige einsame Reise, die er — zu seiner eigenen Ausbildung — mit einem Juden machen wollte (H. Düntzer, Aus Herders Nachlass I 226).

[3] Auf seiner Rückreise aus der Schweiz. Siehe Gœthes «Dritte Wallfahrt nach Erwins Grabe im Juli 1775» bei M. Bernays, Der junge Gœthe III S. 696, wo Gœthe auf der Plattform des Münsters in seinen Gedanken durch Lenzens Erscheinen unterbrochen wird.

15.

à Madame
Madame Herder née Flachsland à Bückeburg.

Westhoffen d. 1t 8bre 75

Sie haben mir eine Wunde zugeheilt ewig Theure Freundin, aber eine andre um so viel blutigere gemacht. ich glaubte Euch alle meine Lieben verlohren zu haben, dann seit Ihr in Darmstadt waret habe ich keine Zeile von meiner Hessin gesehen, ohnerachtet ich an sie u an ihre Tochter geschrieben habe. ò wie viele Warum u Vieleicht sind in meiner Seele unaufgelösst entstanden! jetzt sind sie es leider aber wie — ach könnten ihr meine Thränen meine Wünsche helfen — die redliche Seele trauete sich leider nie genug zu, u I h r e t ä g l i c h e Aufmunterung fehlte ihr jetzt auch. ach Gott helfe Ihnen bald wieder zu einer glücklichern Schwester, u schaffe mir meine gesunde Freundin wieder! Danck, den besten Danck meines Hertzens Freunde, für Euer herrliches Geschencke. ja leider ist es nur Schattenwerck, aber doch Ersatz — der einzige der mir in diesser Welt gegönnt ist — Lentz weis noch nicht dass ich so was köstliches für ihn habe, wann ich kan, schicke ich sie ihm noch heute. Mein Kopf ist sehr wüste, ohnerachtet ich in meinem Elysium seit 8 Tagen bin. ich habe noch nicht genossen wohl die Natur in ihr ehrwürdigen Schmuck gegrüsst u gesegnet, aber noch nicht in meinem Wäldchen, bey meinen Vögeln gesessen, ò! könnte ich Euch da einmahl an mein Hertz drücken u Euch all meine Herrlichkeiten fühlen machen — aber das beste ist mir nicht gegönnt — dort, dort sehen wir uns wo kein Schicksaal mehr die Seelen trennt die du Natur für einander bestimmtest — ich lasse Ihre Commission durch eine Freundin u den Kaufmann von denen ich sicher bin besorgen. ich hoffe es wird alles so gut besorgt wie durch mich selbst, nur dass ich die Freude nicht habe selbst für meinen Herder zu sorgen, u mich für Ihn zu beschäftigen —

liebet liebet mich Freunde! diess sey mein herrlicher Lohn für das was ich für Euch thun kan Luise König.

so bald des lieben Kindes Feuer gemildert ist, ò so denckt an mich wegen seinem Schatten er gehört mit zu eurem Geschencke.

16.

An unsere goldene Herderin in Westphalen

Westhoff. d. 4t 8bre 75

Ich soll Ihnen diessen Brief zuschicken meine Liebe! Lentz hat mir einen bössen Tag gemacht; ich schickte sein Manuscript[1] schon vor langer Zeit an unsre unglückliche Hessin, ich wusste noch nicht dass sie es war. ich bekam keine Nachricht dass sie es erhalten hatte ohnerachtet ich desswegen auch an ihre Tochter schrieb u ich schloss sie wären beyde mit Euch nach Bücke[burg] u. war gantz ruhig. Herders erster Brief sagte ihm dass er nichts erhalten hätte — nun forderte er es mit dem Verzweiflungsvollesten Tone an m i c h Gott lob aber denTag darauf schrieb er mir dass Herder alles erhalten habe ich hoffe diesser Brief sagt es auch —

Ihre Comissionen hoffe ich, sind gemacht, u der Pack fort, doch probiere ich ob diesser Brief nicht noch mit kan, es liegt schon noch einer von mir darin —

Lentz hat Eure Schatten. ich hoffe er kommt bald zu uns, er will herbsten helfen. Gott! warum trennt Euch ein so weite[r H]immel — mein Geist besuchet Euch oft, aber die sinnliche Hülse will auch ihr Theil — lebet wohl meine Lieben! glücklich seyd ihr — Luise Königin.

17.

Caroline Herder an Frl. König.[2]

Vor einigen Tagen ist das schwarze Tuch nebst Strümpfe und Baumwolle glücklich angekommen und alles nach Wunsch

---

[1] «Die Soldaten» eine Komödie. Vgl. H. Düntzer, A. H. N. I 229:
(Strassburg), den 29. Sept. (1775).
«Herder! Ich will und muss ein Recepisse haben, ob Du die «Soldaten», eine Komödie, erhalten hast. Ich habe sie Dir schon seit acht Wochen unter'm Couvert der Jungfer König über Darmstadt zugeschickt, wie das Pandaemonium. Es ist mein einzig Manuscript, und wenn es verloren ist, so ist mein Leben mit verloren. Reiss mich aus diesem quälenden Zweifel durch eine kleine Erkundigung bei Herrn Geheimrath Hesse und durch die geschwindeste Antwort, nur in zwei Zeilen. Lenz.»

[2] In Röderers Nachlass. Einer der von Lenz bei Frl. König aufgehaschten Briefe (s. Aus Herders Nachlass I 228) und auf Len-

ausgefallen, wofür Sie liebste Louise und diejenige die dazu beygetragen unsern besten Dank haben.

ich habe ihren ersten und zweyten Brief mit Le[nz] seinem erhalten liebstes Herbstmädchen. Ihre Stimme war mir ein herzerquickender Trost ich glaubte das Schlachtopfer meine arme Schwester für verloren und auf einmal kommt wieder Lebenslicht in sie, sie lebt wieder auf wie vorher ist frölich und gesund wieder. O gebe Gott dass es so bleibt dass sie Festigkeit der Seele und des Körpers bekäme die doch warlich zu unserm Erdenleben gehört. Gott sei gedankt dass er sie uns so wiedergeschenkt.

Unser Le[nz] unser Bruder hat uns seine ganze Seele gegeben — o welch ein Mann — welch eine Engelsseele — ich kann mich nicht genug an ihm weiden !

Herbstet unter unserm Andenken frölich und glücklich den Seegen Gottes ein Schwester und Bruder, mir ist es nicht vergönnt mit den Meinen in meinem Vaterland unter Eurem schönen Himmel süsse Trauben zu essen und frölichen Herbst zu halten. Ich fühls auch oft liebste Louise dass meine sinn- liche Hülse gern bey Euch wäre — lasst uns nicht daran denken, ich erquickte mich neulich an dem Gedanken, dass uns doch die besten Menschen gut wären, mein Herz war recht gesättigt.

Adieu ! Doch ich muss Ihnen noch was neues sagen — wir werden vielleicht noch vor oder gleich nach Weynachten nach Göttingen ziehn, mein Mann wird doch theologischer Professor und Universitätsprediger — beynah wieder unsern

---

zens späteren Irrfahrten (s. A. Stöber. J. G. Röderer S. 7-8) wie die Briefe von Pfenninger, Schlosser und Wieland (s. Stöber a. a. O. S. 161-171) und so manches andere bei Röderer liegen geblieben. Der Brief, ohne Datum und Adresse, ist an Luise König gerichtet und fällt zwischen Herders Berufung als Professor der Theologie und Universitätsprediger nach Göttingen d. 13. Aug. 1775 und die Anfrage Gœthes vom 12. Dez. 1775 — ob er die Stelle als General-Superintendent in Weimar annehmen wolle. Der Brief ist mithin aus Bückeburg geschrieben und zwar wie die stilistische Zusammengehörigkeit «herbsten» und «sinnliche Hülse» erweist, als Antwort auf den vorangegangenen Brief vom 4. Okt. 1775. Vergl. den ähnlichen Brief der Karoline Herder an Merck (K. Wagner, Briefe an J. H. Merck Darmst. 1835 S. 78) vom Okt. 1775.

[1] Aehnlich Herder an Lavater (Aus Herders Nachlass II S. 141) den 4. Okt. 1775: «Lenz hat sich auf recht unerwartet-göttlich-gute Art mir genähert, ob ich ihn gleich nicht persönlich kenne.»

Willen, aber hier ist nichts mehr für meinen Mann, er versauret beynah, er muss in ein anderes thätiges Feld — was sagt Lenz dazu wir bitten um seinen Seegen

Unser Sohn wird wie ein Hirsch auf den Bergen, er war sehr krank am Magen ist aber wieder beynah hergestellt — ist in allen Unarten, welches man Genie nennt seinem Vater ganz ähnlich.

Adieu ihr lieber Gott sey bey euch

Caroline Herder.

INHALT.

	Seite.
I. Goethes Ausflug nach Saarbrücken und seine Examina in Strassburg	5
II. Das Kosthaus der Jungfern Lauth in Strassburg	12
III. Ein Dankbrief Jung-Stillings an die Mitglieder der Salzmannschen Gesellschaft	18
IV. Der Dichter Lenz und die Salzmannsche Gesellschaft	24
V. Das Protokoll der Deutschen Gesellschaft in Strassburg nach der Originalhandschrift nebst einem Briefe von Lenz an Haffner	33
VI. Der Buchsweiler Freundeskreis von Goethe und Lenz mit einer Verwandtschaftstabelle	55
VII. Der Briefwechsel der Strassburgerin Luise König mit Karoline Herder, der Frau des Dichters, aus dem Herder- und Röderer-Nachlass	60